Der hermetische Bund teilt mit!

Hermetische Zeitschrift

Nummer 3

Mein Dank geht an Peter Windsheimer für das Design des Titelbildes. Des Weiteren an Ariane und Michael Sauter.

Für Schäden, die durch falsches Herangehen an die Übungen an Körper, Seele und Geist entstehen könnten, übernehmen Verlag und Autor keine Haftung.

Copyright © 2012 by Christof Uiberreiter Verlag
Castrop Rauxel • Germany

Herstellung und Verlag:
BoD – Books on Demand, Norderstedt
ISBN 978-3-7322-8080-3

Inhaltsangabe:

Vorwort:.. 4

1. Positiv Denken... 5
2. Ergänzung zu den Sphären in Bardons „Evokation".......... 12
3. Schulung der Wachsamkeit Teil II................................. 32
4. Eine Vision..33
5. Eine Astralwanderung..42
6. Der Gottesbegriff... 45
7. Exotische Rituale Teil III..51
8. Das Erlebnis der Mitte.. 53
9. Gottverbundenheit.. 59
10. Ein Hinweis aus der geistigen Welt............................. 60
11. Der dogmatische Hermetiker....................................... 66
12. Black Metal und der Versuch einer Interpretation aus der
    hermetischen Sicht... 70

Vorwort:

Mit großer Freude möchte ich bemerken, dass die esoterische Zeitschrift „Der hermetische Bund teilt mit" von dem bis Dato eher unbekannten Christof Uiberreiter Verlag sich immer mehr und mehr großer Beliebtheit erfreut. Dies erstaunt mich umso mehr, da die okkulte Literatur im Moment einen Aufschwung erfährt, welcher bis jetzt noch nie dagewesen ist. Aber, und darauf kommt es an, zählt nicht die Quantität der erschienenen Bücher, nicht die Menge oder der wohlklingende Name, sondern es kommt viel mehr auf die Qualität und den Inhalt der veröffentlichten Schriften an. Doch so viel mir bisher von dieser „neuen" Literatur in die Hände fiel, weist diese mehr oder weniger große Mängel auf und entbehrt der reinen esoterisch-hermetischen Lehre. Das mag verschiedene Ursachen haben, die ich alle gar nicht erörtern will und kann. Eine Hauptursache kann sein, dass die meisten Autoren nur auf Profit aus sind, und keine eigene Kenntnis der tiefen okkulten Gesetze vorweisen können. Hingegen macht sich harte und ehrliche Arbeit mit Liebe und Hingabe an der Verbreitung der universellen hermetischen Wahrheit immer bezahlt. Egal wie lange es dauert, bis man Erfolg erlangt.

Nun stehe ich vor den Toren des Glücks, denn mein Verlag wird immer mehr angesehen!

1. Erfolg durch positives Denken

In Anions Unterlagen fanden wir auch diese kleine Schrift. Jedoch war kein Autor angegeben. Wir haben beschlossen, diesen interessanten Artikel in unserer Zeitschrift zu veröffentlichen. Gleichzeitig wollen wir uns dafür entschuldigen, dass wir keinen Autor auffinden konnten:

Gedanken sind Kräfte, positive wie negative, oder wie ein Sprichwort sagt: „Der Gedanke ist die Mutter der Tat". – Welch einfache Worte und doch welch tiefer Sinn liegt dahinter!
Wie weitgehend die Gedanken einen Menschen sein Geschick und sein ganzes Leben zu beeinflussen und zu wandeln vermögen, darüber macht man sich meist gar keinen Begriff. Viele unter uns leben einfach so recht und schlecht dahin, sie verrichten zwar ihre tägliche Arbeit, ohne aber darin wirkliche Freude und Befriedigung zu finden. Wie oft ängstigt man sich um alle möglichen sowohl tatsächlichen als auch eingebildeten Dinge – oder wiederum freut man sich über einen unerwarteten Erfolg; man nimmt an, es sei eine glückliche Fügung des Schicksals, ohne sich bewusst zu sein, welche Macht die Art und Weise seiner jeweiligen Gedanken auf alle Geschehnisse ausübt. Ist es nicht sehr oft so, dass man, wenn irgendetwas geschieht, worüber man sich ärgert oder gar verzweifelt ist, gleich darin die negative Seite sieht? Wie schnell ist man doch durch irgendeinen unglücklichen Umstand ratlos und glaubt, vor einer unüberwindbaren Mauer zu stehen, ohne zu wissen, wohin man sich wenden soll. Wie viele Menschen gehen durch ihr Leben so, als ob sie blind wären; sie tappen sich irgendwie vorwärts und sehen nicht, wohin sie treten. Sie sind dann immer wieder erstaunt und enttäuscht, dass ihnen eigentlich nichts so richtig gelingt.
Als ich mich selber vor einigen Jahren in einer sehr schwierigen und mir aussichtslos erscheinenden menschlichen und beruflichen Lebenslage befand, traf ich gerade in dieser Zeit einen alten Freund, den ich seit langem nicht mehr gesehen hatte. Ich war damals so übervoll von Sorgen und Ängsten, dass ich bei unserem Wiedersehen gleich damit begann, ihm vorbehaltlos alles zu erzählen, was mich bedrückte. Nun, es wurde ein sehr langes Gespräch, wobei eigentlich nur ich redete und er mich mit seiner großen Einfühlungsgabe, die er besaß, selten unterbrach – er hörte mir einfach zu. Als ich ihn dann fragte, was ich jetzt tun und wie ich mich

verhalten sollte, da antwortete er mir:

„Ich glaube, Du bist nun an einem Wendepunkt Deines Lebens angelangt; Du beginnst, über Dich selber nachzudenken, und das ist gut so. Versuche, auch wenn es Dir jetzt schwer fallen mag, statt über das Verhalten Deiner Mitmenschen enttäuscht zu sein, Dir über Deine eigenen Gedanken und Handlungen Rechenschaft abzulegen. Denn wenn Deine Einstellung zum Leben, was auch immer geschehen mag, positiver wäre und Du Dich entsprechend verhalten würdest, wenn Du von dem, was Du tust, im Innersten überzeugt wärst und auch an Deine eigenen Kräfte glauben würdest, dann könntest Du damit die negativen Einflüsse, die nun so stark auf Dich wirken, von Dir abhalten. Du musst auch wissen," sagte er weiter, „dass es über allem Geschehen eine göttliche Macht gibt, die uns Menschen führt, wenn wir uns ihr anvertrauen und an sie glauben. Wir können aus ihr immer wieder Kraft schöpfen, die unsere Gedanken und Handlungen positiv beeinflusst und die uns hilft, in allen Lebenslagen richtig zu handeln."

Leider war der Aufenthalt dieses Freundes in der Schweiz nur von kurzer Dauer, aber er hinterließ mir mit seinen Worten ein sehr wertvolles Geschenk, dessen Auswirkungen ich erst viel später so richtig erfasste. Jedenfalls begann ich aber doch, über alles, was er mir gesagt hatte, sehr eingehend nachzudenken, und das führte mich immer mehr dazu, die jeweiligen Beweggründe sowohl zu meinem Verhalten als auch zu demjenigen meiner Mitmenschen zu erforschen. Ich fing an, die wahren Zusammenhänge und Hintergründe im gegenseitigen menschlichen Verhalten zu verstehen, Zusammenhänge, die ich früher gar nicht beachtet und erkannt hatte. So lernte ich denn mit der Zeit nicht nur stets auf das Äußere der Menschen und Ereignisse zu achten, sondern auch zu sehen, was dahinter steckte. Ich fühlte selber, wie eine große Wandlung in mir vorging, wie ich für das, was ich bisher verurteilt oder kritisiert hatte, mit einem Mal Verständnis empfand und mich in die jeweiligen Gegebenheiten und Umstände einfühlen konnte. So stellte ich denn bald fest, dass mein ganzes Leben sich in positiver Weise wandelte. Durch mein verändertes Verhalten den andern gegenüber zwang ich sie unwillkürlich, sich auch mir gegenüber in besserer und freundlicherer Weise einzustellen; sie fühlten, dass die negativen Kräfte keine Macht mehr auf mich ausüben konnten. Diese wirklich positiven Auswirkungen einer bejahenden Lebenseinstellung werde ich im Verlaufe meiner weiteren Ausführungen noch näher umschreiben.

Sicher ist es für einen Menschen manchmal sehr schwer, in allen Situationen des Lebens seinen augenblicklichen Gedanken eine positive Wendung zu geben.

Denn wie viele unter uns leiden, ob sie es sich nun zugestehen oder auch nicht, unter Minderwertigkeitsgefühlen, verbunden mit vielerlei Hemmungen und mangelndem Selbstvertrauen. Sie lassen sich niederdrücken von der Last ihrer Alltagsprobleme und glauben allen Ernstes, dauernd vom Pech verfolgt zu sein. Und doch ist es möglich, selbst negative Geschehnisse zu einem guten Ergebnis zu führen, wenn wir zuerst einmal unsere eigene Denkweise in der Art wandeln, dass wir Vertrauen in uns selber gewinnen, in unsere eigenen Fähigkeiten und schöpferischen Kräfte. Wir müssen uns vor einer schwierigen Aufgabe oder Situation stets wiederholen: „Ich kann diese Aufgabe erfüllen, Gott wird mir die Kraft dazu geben." Diese Worte sollen Sich uns so stark einprägen, dass auch unser Unterbewusstsein davon erfasst wird und im entsprechenden Augenblick richtig reagiert. Wir werden dann spüren, wie eine ganz neue bejahende und fruchtbare Einstellung dem Leben gegenüber von uns Besitz ergreift, die alle negativen und destruktiven Gedanken verblassen lässt. Wir sind uns jetzt bewusst, dass wir die guten Kräfte und Einflüsse, wenn wir fest an sie glauben, auch anziehen, ebenso wie wir das Schlechte herbeiführen, wenn unsere Gedanken negativer Art sind. Man kann dies mit Kraftströmen vergleichen, die wir aussenden und welche wieder auf uns zurückfallen. Jeder von uns hat die innere Kraft, sehr viel mehr zu leisten und zu vollbringen, wenn es tatsächlich darauf ankommt, als er es je von sich selbst erwartet hätte; aber er muss dazu an sich selbst glauben.

Welch großer Prozentsatz von Krankheiten hat doch seinen Ursprung in seelischen Leiden und Verkrampfungen, die so stark sein können, dass sie zu guter Letzt auch unseren Körper angreifen und ihn erkranken lassen. Lösen wir uns aber bewusst von all diesen belastenden Einflüssen, die zum Teil auch in Jugenderlebnissen ihren Ursprung haben, die wir erkennen und von denen wir uns befreien müssen, dann wird auch unser Körper sich erholen und es werden vielfältige Kräfte frei, die eine Heilung sehr beschleunigen. Auch der beste und geschulteste Arzt kann uns nicht helfen, wenn wir innerlich darniederliegen und uns treiben lassen, statt unsere besten Kräfte im Glauben und der Gewissheit an das Gute und Positive aktiv werden zu lassen.

Das Gleiche gilt auch für unser berufliches Fortkommen und den dazugehörigen Erfolg. Wenn wir alle Ängste und Minderwertigkeitsgefühle beiseite schieben im vollen Vertrauen in uns selber, dann werden wir auch alle Hindernisse überwinden können. Es gibt im Grunde genommen gar keine wirklichen Hindernisse, dieselben sind nur Prüfsteine für unsere eigenen Fähigkeiten. Je positiver unsere Einstellung zu den Tatsachen und Geschehnissen des Lebens ist, desto positiver wird auch unsere eigene Ausstrahlung sein. Es ist, als ob ein ganz anderes stärkeres Fluidum von uns ausgehen würde, welches auf unsere ganze Umwelt ausgestrahlt wird.

Wenn wir zum Beispiel annehmen, dass einer unserer Mitmenschen uns böse gesinnt ist, ja selbst wenn wir Beweise dafür haben, so ziehen wir, falls wir in negativer Weise an ihn denken, diese Feindschaft nur noch verstärkt an. Machen wir uns also frei von Hass und Vergeltungssucht und lassen wir unsere guten Gedanken wirken! So wird es geschehen, ob über kurz oder lang, dass eben derselbe Mensch dadurch, dass wir ihn in gütiger Weise beeinflussen, seine feindliche Haltung aufgeben muss. Er kann sich gar nicht mehr anders verhalten, da wir trotz allem das Gute und Wahre in ihm suchen und es dadurch auch herbeiziehen. So ist es möglich, dass aus einer Feindschaft manchmal die schönste Freundschaft oder Kameradschaft entsteht, weil der eine das Gute im anderen aktiviert und dadurch dessen Weiterentwicklung in dieser Richtung fördert.

Der Schlüssel zu einer wirklich positiven Lebenseinstellung liegt in der Überwindung des eigenen, oft sehr egoistischen Selbst. Ich glaube, dass dies wohl einer der schwersten Kämpfe ist, den man mit sich selber ganz alleine auszufechten hat. Sicher braucht es dazu einer gewiesen Reife und Abgeklärtheit, um über sich selbst stehen zu können, sich nicht stets allzu wichtig zu nehmen und die vielen Regungen von Bosheit, Rache- und Machtgelüsten, Kleinlichkeit und Übelwollen, die in jedem von uns vorhanden sind, zu überwinden und stattdessen in positive Regungen umzuwandeln. Aber welch ein Segen für ihn und seine Umwelt, wenn der Mensch erstmals dieses eine Ziel einigermaßen erreicht hat! Ich sage ganz bewusst „einigermaßen", weil ja jeder sich vorstellen kann, wie schwierig es ist – jedenfalls am Anfang dieser Erkenntnis – all diese negativen Gedanken und Handlungen auszuschalten und zu überwinden. Man muss sich immer wieder in dieser Fähigkeit üben. Kein Mensch ist vollkommen, wir alle haben unsere kleineren und auch größeren Schwächen, und doch kann uns ein wirklich positives Denken über alle diese Unzulänglichkeiten hinausheben. Es ist dies eine göttliche Kraft, die in uns zu wirken beginnt, die unser Leben wandelt, die uns vom Misserfolg zum Erfolg führt und die uns zudem auch hilft, unseren Körper zu beherrschen, ihm Widerstandskraft zu geben gegen die mannigfaltigen Anfechtungen des Lebens. Ich glaube, dass ein Mensch, der die Kraft des positiven Denkens erkannt hat, keine eigentlichen Feinde besitzt. Der Grund dafür liegt ganz einfach darin, dass die Gedanken unsichtbare Kräfte und Strömungen sind, die auf Nahe- wie auch auf Fernliegendes wirken und dass das Positive schlussendlich stets stärker ist als das Negative. Dadurch können uns übelwollende Menschen oder auch unglückliche Umstände nichts anhaben, wenn wir ihnen diese göttliche Kraft des richtig gelenkten Denkens und Handelns entgegenstellen.

Wohl jeder von uns hat sich doch schon über irgendeinen Mitmenschen negativ geäußert; dies konnte aus Missgunst, Ärger oder einfach aus Gedankenlosigkeit geschehen, ohne dass er sich Rechenschaft darüber ablegte, welch negativ Wirkungen solche Äußerungen haben können – sie wirken wie gestreutes Gift, langsam aber sicher. Niemand fühlt sich ob solchem Verhalten eigentlich ganz wohl, wäre er sich aber der tatsächlichen Auswirkungen bewusst gewesen, so hätte er seine Zunge rechtzeitig „im Zaume" gehalten! Denn wer Gutes sät, wird Gutes ernten, und wessen Saat böse ist, der darf sich über die Ernte nicht wundern, da sie mit Sicherheit zu seinem Nachteil ausfällt. Ist man sich dessen einmal in seiner ganzen Konsequenz bewusst, so kommt man, so man guten Willens ist, unbedingt dahin, seinen Gedanken eine positive Richtung zu geben, weil man weiß, welch weit wirkende Kräfte man damit in Umlauf setzt. So prüfe man denn, bevor man irgendetwas unternimmt, seine innersten, ganz ehrlichen Gedanken hierzu, ob dieses Unternehmen nun von großer oder auch weniger großer Wichtigkeit und Bedeutung sein kann. Doch auch ganz kleine, beinahe als nebensächlich betrachtete Handlungen können große Wirkungen zeitigen. Das ganze Zusammenleben der Menschen besteht im Grunde genommen aus kleinen Handlungen, die, zu einem Mosaik zusammengefasst, ein leuchtendes, beglückendes oder aber ein trübes, zerstörerisches Bild ergeben. Sowie aber stets das Dunkel vom Licht weichen muss, so müssen auch die negativen Einflüsse der positiven Gedankenwelt weichen. Wenn ein Mensch seine Umgebung bewusst im besten Sinne beeinflusst, dann wird er die Erfahrung machen, dass eines Tages der gute Same, den er gesät hat, ebensolche Früchte bringen wird, wenn nicht sogleich ein günstiges Ergebnis eintritt.

Wenn wir den festen Glauben an die göttliche Macht und Führung in uns tragen, dann werden wir nicht ungeduldig, sondern können in Ruhe und im

Wissen um eine gute Wandlung unseres Geschickes abwarten, bis alles reif geworden ist. Gerade diese Einstellung gibt uns Menschen auch die Möglichkeit, alle Dinge, die auf uns zukommen, klar zu sehen und im richtigen Augenblick zu handeln. Wir verwirren uns dann nicht mehr, wir sind nicht mehr „genötigt", irgendwohin zu fliehen, nur um der möglichen Verzweiflung, die uns übermannt, entrinnen zu können, um dann ein bitteres Erwachen zu erleben; denn kein Mensch kann auf die Dauer vor sich selber fliehen, er fällt immer wieder auf den harten Boden der Wirklichkeit zurück. Nur ein Mensch, welcher die Kraft gefunden hat, in sich selber zu ruhen im Glauben an die göttlichen Gesetze und die göttliche Macht und Führung, wird in seinem Leben sowohl in menschlicher als auch in beruflicher Hinsicht wirklich Erfolg haben können. Das heißt natürlich nicht, dass er allen Geschehnissen des Lebens untätig zusieht oder sich nicht zur Wehr setzt, wenn es notwendig ist. Er besitzt jedoch diese innere Ruhe, nur dann zu handeln, wenn die Dinge reif dafür sind oder es die augenblickliche Situation wirklich erfordert. Er dreht sich nun nicht mehr dauernd im Kreise herum, sondern geht den geraden, den positiven Weg. Um zu dieser Erkenntnis zu gelangen, braucht es natürlich einer gewissen Lebenserfahrung. Man muss das Dunkel kennen, um das Licht sehen zu können.

Jeder von uns wünscht sich doch, dass er geschätzt und geliebt werde, dass man ihn braucht und dass er einen Platz in der menschlichen Gesellschaft ausfüllt. Vielleicht gibt es hin und wieder jemanden, der dies verneint; aber ich glaube, dass er im Grunde dabei nicht die Wahrheit spricht, denn wir alle brauchen Liebe und Wertschätzung – wir brauchen sie so nötig wie die Luft zum Atmen. Und doch liegt es nur an und in uns selber, von anderen Freundschaft und Liebe zu empfangen: Wenn unser Wesen gütig und verständnisvoll ist anderen gegenüber – wobei ich hier in keiner Weise etwa von blinder Güte und Selbstlosigkeit spreche – wenn wir ebenso großzügig mit unseren Nächsten sind, wie mit uns selbst, wenn wir den anderen ganz frei und natürlich entgegentreten, sodass sie sich in unserer Gesellschaft einfach wohl fühlen müssen; wenn wir aber auch ein offenes Herz haben für ihre Sorgen und Leiden, dann werden wir von unseren Mitmenschen Liebe und Freundschaft erfahren. Man erhält immer echte menschliche Werte zurück, wenn man wirklich wahre und ehrliche Gefühle gegeben hat. Gerade durch dieses Verhalten entwickelt sich in uns ein feiner Sinn, Echtes von Unechtem unterscheiden zu können, sowohl bei uns als auch bei den andern. Wenn wir zudem die Persönlichkeit des

Mitmenschen achten und nicht darnach trachten, ihn zu Fall zu bringen, wenn wir ihn in seinen Unternehmungen, so sie gut und nützlich sind, unterstützen und bekräftigen, und wenn wir ihm Mut und Zuversicht geben, das Leben besser meistern zu können, dann wird er uns auch dadurch seine Sympathie und Zuneigung entgegenbringen. Alles im Leben hat seine Wechselwirkung, das Gute wie das Böse.

Dies trifft ebenfalls auf das Zusammenleben in der Familie und unter den Ehepartnern zu, wo so oft durch ganz kleine, nichtige Anlässe die größten Schwierigkeiten entstehen können. Wie einfach wäre es auch hier, den Partner immer wieder positiv und liebevoll zu beeinflussen! Wir müssen uns dazu keine sogenannte „Mühe" geben oder unsere Kräfte in oft sinnlosen und unfruchtbaren Vorwürfen erschöpfen. Wir müssen uns nur innerlich zu einer positiven Haltung dem andern gegenüber umstellen, dann fallen uns wie von selbst die richtigen Worte ein. Unser ganzes Wesen strahlt auf diese Weise eine Zuversicht und Kraft aus, die unwillkürlich auf den anderen übergehen und sein Wesen und Verhalten im guten Sinne wandeln. So kann jeder, der dieses einfache Lebensgesetz kennt und befolgt, in beglückender Weise auf seine Mitmenschen einwirken und dies kommt nicht zuletzt ja auch auf ihn selber zurück.

Das wahre Glück eines Menschen liegt nicht in weiten Fernen, es liegt nur in ihm selber. Mag das Schicksal ihm noch so harte Schläge austeilen, er wird daran auch das Positive sehen, daraus lernen und daran erstarken. Sind doch alle Schicksalsschläge, wie ich schon sagte, nur immer wieder Prüfungen an uns Menschen, die wir zu bestehen haben und an denen wir wachsen können. So helfen uns das bewusst positive Denken, der Glaube an uns selbst und vor allem an die göttliche Führung, der wir uns stets anvertrauen dürfen, das Wissen um die vielfältigen guten (edlen) Kräfte in uns und auch in unseren Mitmenschen, das Leben wirklich sinnvoll zu führen und zu gestalten.

2. Ergänzung zu den Sphären in Franz Bardons „Evokation"

In dem Buch „Die magischen Werke" von Agrippa von Nettesheim und anderen Werken stehen noch zusätzliche Informationen zu den Sphären, die uns Hermetiker nützlich sein können. Der Verlag hat sich erlaubt, diese Informationen sinnvoll in dieser Zeitschrift zusammenzufassen:

Von den Bildern des Saturn

Nun kommen wir an die Bilder, welche man diesen Planeten zuordnet. Obgleich die alten Weisen umfangreiche Bücher darüber geschrieben haben, so dass es hier keiner weiteren Erklärung derselben bedarf, so will ich doch einige wenige davon anführen. Von den Operationen des Saturn stellten nämlich die Alten, wenn dieser Planet aufstieg, auf einem sogenannten Magnetsteine das Bild eines Menschen dar, der ein Hirschgesicht und Kamelfüße hatte, auf einem Stuhle oder einem Drachen saß, und in der rechten Hand eine Sichel, in der linken aber einen Pfeil hielt. Von diesem Bild hofften sie, es werde ihnen zu einem langen Leben verhelfen, denn Saturn soll zur Verlängerung des Lebens beitragen, wie Albumasar in seinem Buche „Sadar" nachweist, wo er auch erzählt, dass in einigen unter der Herrschaft des Saturn stehenden Gegenden Indiens die Menschen sehr lange leben und erst im höchsten Greisenalter sterben. Desgleichen machten sie in der Stunde des Saturn, wenn er aufstieg oder einen glücklichen Stand einnahm, zur Verlängerung des Lebens noch ein anderes Bild dieses Planeten auf einen Saphir, das einen alten, auf einem hohen Stuhle sitzenden Mann vorstellte, der die Hände über den Kopf empor und in denselben einen Fisch oder eine Sichel hielt; unter seinen Füßen befand sich eine Traube, sein Kopf war mit schwarzem oder dunkelbraunem Tuche bedeckt und alle seine Kleider waren schwarz oder dunkelbraun. Dasselbe Bild machten sie auch gegen den Stein und gegen Nierenkrankheiten, und zwar in der Stunde des Saturn, wenn derselbe mit dem dritten Gesichte des Wassermanns aufstieg. Ferner machten sie von den Operationen des Saturn ein Bild zur Förderung des Wachstums, wenn Saturn im Steinbock aufstieg. Dieses Bild stellte einen alten, auf einen Stab gestützten Mann vor, der in der Hand eine krumme Sichel hatte und schwarz gekleidet war. Auch gossen sie ein Bild aus Erz, wenn Saturn in seinem Aufgang aufstieg, nämlich im ersten Grade des Widders, oder besser im ersten Grade des Steinbocks; ein solches Bild soll, wie sie versichern, mit menschlicher Stimme sprechen. Ferner machten sie von den Operationen des Saturn und Merkur zugleich ein aus Metall gegossenes Bild von der Gestalt eines schönen Menschen, das, wie sie behaupten, die Zukunft voraussagte. Sie machten dasselbe am Tage des Merkur in der dritten Stunde, d. h. in der des Saturns, wenn das Haus des Merkur, nämlich das Gestirn der Zwillinge, welches die Propheten bedeutet, aufstieg, und Saturn und Merkur im Wassermann, in der neunten Himmelsgegend, welche auch Gott genannt wird, verbunden waren. Überdies soll Saturn im „Gendrittschein" zu dem Aszendenten stehen, ebenso der Mond, und die Sonne im Aspekte zu dem Orte der Konjunktion sich befinden; Venus soll einen Winkel einnehmen, mächtig und westlich sein; Mars soll von der Sonne verbrannt sein, aber keinen Aspekt zum Saturn und Merkur haben. Der „Glanz" dieser Gestirnskräfte verbreitete sich nach der Versicherung der Alten über ein solches Bild; es sprach mit den Menschen und verkündigte ihnen nützliche Dinge.

Ergänzung:

Er ist der große Planet des Leides, aber auch der Planet der tiefsten Verinnerlichung und der geistigen Reife. Wohl ist er auch der Planet des Todes, aber er beherrscht zugleich das Karma, und damit ist er zugleich der große Stundenzeiger, nicht nur im diesseitigen Leben des Menschen, sondern auch in der Reihe der Reinkarnationen. Wohl bringt er den Tod und das Leid, aber Leid reift, und Erkenntnis ist meist nur durch Leid erreichbar.
Durch alle Prüfungen, die Saturn dem Menschen auferlegt, durch seine Härte, die ihm innewohnt, durch seine Strenge, durch seine Einengungen, zwingt er doch schließlich zu einer stärksten Zentralisation den Menschen selbst und damit zur Verinnerlichung und zum Verstehen der großen kosmischen Zusammenhänge. Erfahrungswissen und Leid adeln! Der Weg zur Einweihung ist steil, hart und schwer. Saturn kennt keine Milde und Weichheit und er symbolisiert das große Unglück, für die meisten Menschen, an dem sie zerbrechen.
Aber in gewisser weise ist Saturn identisch mit Satan, wie Dr. Lomer unter anderem nachweist, dem gefallenen Engel. Er ist, genau wie alle anderen Planetenwesen, ein Engel Gottes, er ist der Sohn der Sonne und das in ihm

innewohnende Prinzip, ist dem Prinzip Metatron, der Sonnenwesenheit, untergestellt. Auf unserer Mutter Erde dominiert er noch in einem ganz gewaltigen Maße als „Schöpfer" der Materie und der Kampf, der um die Erde zwischen ihm und den Engelswesenheiten seit Jahrtausenden geführt wird, sieht ihn immer noch im Vorteile, wie ja das Erdenschicksal, die Katastrophen und Kriege der einzelnen Menschheits-Epochen dem Eingeweihten immer wieder beweisen. Noch ist seine kosmische Macht nicht gebrochen; und es gibt nur wenige Menschen, welche die Schwelle zu ihm im harmonischem Sinne überschritten haben und als erhabene Gottheit ihn in die Knie zwingen. Für sie ist sein Symbol gewandelt in göttlicher Reinheit, denn sie wissen um den göttlichen Urquell des Leides.

Qualität:

Irdisch, männlich, widerstandsfähig, unfruchtbar, tief und dunkel stimmig, materiell, melancholisch, hässlich.

Prinzip:

Einsamkeit, Eigennutz, Geiz, Prüfung, Vertiefung, Zentralisation.

Charaktere:

- niedere Typen: Kalt, gefühllos, egoistisch, grausam, skeptisch, missgünstig.
- höhere Typen; Ruhig, schweigsam, gewissenhaft, ausdauernd, zäh, vorsichtig, logisch, tiefgründig, diplomatisch, anspruchslos.

Berufe:

- niedere Typen: Händler und Agenten in Haus-, Grund- und Erdbesitz; alle, die mit unterirdischer Tätigkeit zusammenhängen wie: Gruben, Bergwerk, Tiefbau, Minen, Bauunternehmen.
- Alle Berufe, die mit der Nacht zusammenhängen wie: Nachtwächter.
- Alle Berufe, die eine starke Knechtschaft und Unterwerfung bedingen wie: Söldner, Tagelöhner, Knechte.

- Alle Berufe, die strenge Rechtsprechung und unsichtbare Macht geben.
- Höhere Typen: Alle ernsten Wissenschaftler, Strategen, Organisatoren, Denker, Philosophen, Richter, Leiter von großen Konzernen.

Die astralen Bilder des Saturn resp. seiner Erscheinungsform:

- Ein bärtiger König.
- Ein Schwein.
- Ein Drache.
- Ein bärtiger Greis.
- Ein steinaltes Weib.
- Eine Eule.
- Ein Wacholderstrauch.
- Eine Sichel mit einem Beil.
- Alle Gestalten haben finstere oder drohende Minen, hohen Körperbau. Es schwankt oft die Erde, es scheint oft, als wenn ein Orkan das Haus umwehe.

Besondere Gaben und Fähigkeiten saturnischer Wesenheiten:

- Positiv: Anzeigen von verborgenen Schätzen.
- Anzeigen von Kohlenlagern.
- Anzeigen von Diamanten.
- Unterricht in Magie, Alchemie und Physik.
- Beherrschung der Zwerge und Waldmänner.
- Die Möglichkeit unsichtbar zu werden.
- Er gibt Unfruchtbarkeit und hohes Alter.
- Hilfe bei Geburtsnöten.
- Sicherheit und Macht verleihen; bei Fürsten Erfolg verhelfen.
- Negativ: Bauwesen, Pflanzungen und Ähnlichem hinderlich sein, um Ehren und Würden bringen, Streit und Zwietracht erzeugen und Kriegsheere zerstreuen.

Saturn archetypisch

In den Mythen gilt Chronos = Saturn als der Gott, der seine Kinder aus Angst verschlingt, weil er meint, seine Kinder würden ihn, um an die Macht zu kommen, genauso umbringen, wie er seinen Vater überwältigt hat. So treibt die Angst Saturn zu seinen Taten, und die Angst kann nur besiegt, überwunden werden, wenn alles geprüft wird. Aber Saturn tötet seine Kinder nicht, was eine große Entwicklung bedeutet. Er wird auch als Herr des Goldenen Zeitalters bezeichnet. Saturn symbolisiert die Erfahrung, die Tradition, die Prüfung des Neuen, den Zeitablauf; alles, was Zeit erfordert, so auch die Geduld. Man nennt ihn schlechthin den Schicksalsplaneten. Saturn konzentriert alles, auch bis zum bitteren Ende, wenn nur noch ein Krümel übrigbleibt. Erworbenes erhalten, bis es reif ist zur Ablösung, das Vergangene immer als Erfahrungsschatz ansehen. Die ernste Aufgabe wird hier symbolisiert, das Weiterkommen auch unter Tränen.

Von den Bildern des Jupiter

Von den Operationen des Jupiter machten sie zur Verlängerung des Lebens in der Stunde des Jupiter, wenn dieser Planet in seiner Erhöhung glücklich aufstieg, ein Bild auf einen hellen und weißen Stein, das einen gekrönten Mann darstellte, in safranfarbenen Kleidern, der auf einem Adler oder Drachen ritt und in der rechten Hand einen Pfeil hielt, wie wenn er ihn in den Kopf des Adlers oder Drachen stoßen wollte. Noch ein anderes Bild des Jupiters machten sie in demselben günstigen Zeitpunkt auf einen weißen und hellen Stein, vornehmlich auf einen Kristall, und zwar die Gestalt eines nackten, gekrönten Mannes, der mit erhobenen und gefalteten Händen wie ein Bittender auf einem vierfüßigen Stuhle saß, welcher von vier geflügelten Knaben getragen wurde. Dieses Bild soll zu noch größerem Glück, Reichtum und Ansehen verhelfen, Wohlwollen und guten Erfolg verschaffen und von den Feinden befreien. Ferner machten sie ein Jupitersbild zu einem religiösen, ruhmvollen und glücklichen Leben, welches einen Mann mit einem Löwen- oder Widderkopf vorstellte, der safranfarbene Kleider trug und Jupiters Sohn genannt wurde.

Ergänzung:

Der Planet Jupiter wird in der Horoskopie als das große Glück, als der große Wohltäter bezeichnet. In der esoterischen Astrologie nennt man ihn den Planeten der Fülle. In seiner niederen Oktave ist er wohltuend und bringt Glück und Reichtum auf materieller Basis, aber stets als Begleiterscheinung gewissermaßen als versteckte Dämonie, die Krankheiten des Wohllebens, nämlich – da er das arterielle Blut regiert – Blut-, Leber- und Milzerkrankungen. Er verlangsamt den Blutlauf, bringt Arterienverkalkung und ist vor allen Dingen der Verursacher böser Geschwulste und Gewächse wie Krebs, je nachdem er mit einem anderen Übeltäter aspektiert ist. In der hohen Oktave bringt er Weistum, Güte, religiöses Empfinden, Gerechtigkeitsliebe. Er gilt deshalb als der Planet des Priestertums und des Rechtslebens. Jupiter ist der Planet der Mystik und des religiösen Okkultismus, aber nur in der höheren Oktave. In seinem Symbol liegt der Halbkreis über dem Kreuz, also Gefühl und Seele über der Materie. Deshalb ist seine Wesensart Güte. Er ist das Spiegelbild des Saturnsymbols. Er wandelt in der individuellen esoterischen Evolution die Menschen die Härte des Saturn in die Milde und Güte seiner eigenen Wesensart.

Qualität:

Luftig, aktiv, positiv, elektrisch, männlich, heiß und feucht, kräftig, widerstandsfähig, fruchtbar, mittelstimmig, mittelstark, musikalisch, schön, materiell, belebend, konstruktiv, wohltätig, gemäßigt. Sanguinisches Temperament.

Prinzip:

Das Weistum, die Menschenliebe, die Gottesverehrung, die Gerechtigkeit, der Glaube und das Vertrauen an die Vorsehung, die Devotion.

Charaktere:

- niedere Typen: Eitel, gefallsüchtig, abergläubisch, frömmelnd, scheinheilig, heuchlerisch, stolz, anmaßend, selbstsüchtig, protzenhaft, prahlerisch, verschwenderisch, genusssüchtig, ausschweifend, unmäßig, materiell, ausnutzend, ungerecht, fanatisch, übertreibend, der Völlerei und Schlemmerei ergeben, und über die Verhältnisse lebend.

- Höhere Typen: Edel, gerecht, weise, fromm, mitfühlend, liebevoll, hilfsbereit, strebsam, hochherzig, klug, geistvoll, Selbst-vertrauend, fröhlich, optimistisch, hoffnungsvoll, vertrauensvoll, wohlwollend, aufrichtig, offen, ehrlich, wahr, menschenfreundlich, ergeben, loyal, großmütig, freigebig, idealistisch, friedfertig, philosophisch, aber etwas genusssüchtig, den Freuden des Lebens zugeneigt.

Berufe:

Priester, Pfarrer, Justizpersonen, Richter, Rechtsanwälte, Staatsanwälte, alle Personen, die sich mit kirchlichen und juristischen Angelegenheiten befassen, hohe Beamte, Gesetzgeber, Gelehrte, Wissenschaftler, Bankier, Regierungsbeamte, Sittenlehrer, Propheten, Weltreisende, Forscher, Entdecker.

Astrale Bilder des Jupiter:

Sie sind sanguinischen Temperamentes, mittlerer Statur, sanften Blickes, sanft sprechend; ihre Farbe ist dunkelblau; ihre Bewegung die des Blitzes, mit Donner. Ein König auf einem Hirsche reitend, mit entblößtem Schwerte. Ein Mann, der eine Mitra trägt, in einem langen Kleide. Ein Mädchen, mit einem Lorbeerkranz und mit Blumen geschmückt. Ein Stier, ein Hirsch, ein Pfau, ein Schwert, ein Buxbaum. Ein Wesen in einem azurfarbenen Kleid.

Besondere Gaben und Fähigkeiten, die der Jupiter verleiht:

Glück, Ehre, Ruhm, Macht, Gold. Frauengunst zu verschaffen. Menschen heiter und fröhlich zu stimmen. Streitigkeiten zu schlichten. Feinde zu versöhnen. Kranke zu heilen und Schaden abzuwehren oder auch zu veranlassen. Gewinn und Reichtum, Huld und Liebe, Frieden und Eintracht bringen, in Ehren und Würden und gutem Rat erhalten, auch Verzauberungen lösen, wenn sie in Korallen „gestochen" werden.

Von den Operationen des Mars machten sie in der Stunde des Mars, wenn dieser im zweiten Gesicht des Widders aufstieg, ein Bild auf einen Stein, hauptsächlich einen Diamant, das einen bewaffneten Mann vorstellte, der auf einem Löwen ritt und in der rechten Hand ein empor gerichtetes bloßes Schwert, in der linken aber einen Menschenkopf trug. Ein solches Bild soll im Guten wie im Bösen Stärke verleihen, so dass man von allen gefürchtet wird; und wer es bei sich trägt, der soll eine Zauberkraft besitzen, das die Menschen, wenn er zornig ist, vor seinem Anblick erschrecken und verstummen müssen. Ein anderes Bild des Mars machten sie, um Kühnheit, Mut und Glück im Krieg und Streit zu erlangen; es stellte einen bewaffneten, gekrönten und mit einem Schwerte umgürteten Krieger dar, der eine lange Lanze in seiner Rechten trug, und man verfertigte dasselbe in der Stunde des Mars, wenn das erste Gesicht des Skorpions mit ihm aufstieg.

Ergänzung:

Bei günstigem Stande das Siegel des Mars auf eiserne Platte oder ein Schwert graviert, verleiht diese Tafel ihrem Besitzer Erfolg im Krieg, bei Gericht und Gesuchen; sie macht ihn seinen Gegnern furchtbar und verschafft ihm den Sieg über seine Feinde. Wenn sie auf einen Karneol gestochen wird, so stillt sie das Blut und die monatliche Reinigung. Wird dagegen diese Tafel bei ungünstigem Mars in eine Kupferplatte (?) graviert, so ist sie den Bauwesen hinderlich, bringt die Mächtigen um Ehren, Würden und Reichtum, erzeugt Zwietracht und Streit, und Hass zwischen Menschen und Tieren, vertreibt die Bienen, Tauben und Fische, hält Mühlen im Gange auf, bringt bei der Jagd und im Kriege Unglück, macht Männer und Weiber, wie auch die Tiere unfruchtbar, flößt vor allen Gegnern Schrecken ein und treibt zur Unterwürfigkeit an.

Ares = Mars ist der Schlachtengott der Mythen, aber auch der Gott des Frühlings. Seine Symbole waren daher Lanze und Pflug, allein die Lanze blieb stärker in Erinnerung. Blind vor Draufgängertum wagt er jeden Kampf. Wenn er unterliegt, ist er hilflos ausgeliefert; dann braucht er die Hilfe anderer Götter, und sei es die List von Merkur. Kämpfen kann Ares/Mars wie kein zweiter, aber den Sinn für den Kampf muss er von

19

anderen empfangen, von Zeus/Jupiter oder von Aphrodite/Venus. Das sind die zwei Pole des Ares/Mars. Er muss von seiner Kampfeswut erlöst werden, was nur Aphrodite/Venus vermag.

Mars symbolisiert die Triebkraft, den Kampfesmut, aber auch die Tatkraft schlechthin, die Energie, und das mit ganzer Einsatzbereitschaft, ja mit tollkühnem Mut. Sein Freiheitswille ist genauso unbedingt! So siegt Mars auf der ganzen Linie. Alle Zweifel werden im Sturm weggewischt. Kämen nämlich Zweifel auf, dann wäre Mars schon besiegt, denn Mars darf nie unsicher sein.

Von den Bildern der Sonne

Von den Operationen der Sonne machten sie in der Stunde der Sonne, wenn das erste Gesicht des Löwen mit der Sonne aufstieg, ein Bild, das einen gekrönten König vorstellte, der auf einem Stuhle saß, einen Raben auf dem Schoße und unter den Füßen eine Erdkugel hatte und ein safranfarbenes Kleid trug. Ein solches Bild soll den Menschen unbesiegbar und geehrt machen, zur Ausführung begonnener Unternehmungen verhelfen, eitle Träume vertreiben und auch gegen Fieber und Pest wirksam sein. Man machte dasselbe auf einen Bailaß oder Rubin in der Stunde der Sonne, wenn sie in ihrer Erhöhung glücklich aufstieg. Ein anderes Sonnenbild machten sie auf einen Diamant in der Stunde der Sonne, während sie in ihrer Erhöhung aufstieg; es war dies die Gestalt einer bekränzten, dem Aussehen nach tanzenden und lachenden Frau, die auf einem von vier Pferden gezogenen Wagen stand, in der rechten Hand einen Spiegel oder Schild, in der linken einen an die Brust gelehnten Stab hielt und auf dem Kopfe eine Feuerflamme trug. Dies Bild soll den Menschen glücklich und reich und bei allen beliebt machen. Dasselbe Bild in der Stunde der Sonne, wenn sie im ersten Gesichte des Löwen aufsteigt, auf einem Karneol dargestellt, dient gegen Mondkrankheiten, die von der Verbrennung des Mondes herrühren.

Ergänzung:

Beschwörungen der Sonne können nur in sehr seltenen Fällen und von dazu berufenen Inkarnierten vorgenommen werden. (vgl. die Aussage von Franz Bardon in seinem 2. Werk „Evokation"!) Die in der Sonne symbolisierten Logoskräfte sind von so gewaltiger Macht und Wirkung, dass ein normaler

Mensch es nicht wagen darf, sie durch Beschwörungspraktiken in seinen Machtbereich ziehen zu wollen. Das Symbol der Sonne besteht aus dem Kreis, der den harmonischen Geist symbolisiert, und dem Punkt, der im Sonnensymbol nur noch als der Akashamittelpunkt, der die Gebundenheit an das große „Nichts" symbolisiert, vorhanden ist. Der Sonnenlogos hat also die Gebundenheit an die Materie nicht dadurch abgestreift, indem er sie restlos verneint, wie wir es im Symbol der Venus finden, sondern indem er sie durch eine völlige Umpolung in sich selbst aufgenommen und als „Knotenpunkt" in seinen eigenen Harmoniegesetzen verankert hat. Dadurch verleiht er seinem eigenen Selbst tiefste Erkenntnis und größte Unantastbarkeit.

Qualität:

Feurig, aktiv, positiv, elektrisch, männlich, mäßig-warm, trocken, stark, unfruchtbar, stark-laut-hell, hochstimmig, schön, ideell, wohltätig, heftig, gallig, nervös.

Prinzip:

Die geistige Urkraft, das Lebensprinzip, die Quelle aller schöpferischen Kraft, die Individualität, die Vitalität (Lebenskraft), die Männlichkeit, das höhere Selbst, das Ego.

Charaktere:

- niedere Typen; Hoffärtig, hochmütig, eingebildet, affektiert, großsprecherisch, renommierend, eitel, despotisch, tyrannisch, verschwenderisch, jähzornig, begehrlich, leidenschaftlich, sinnlich, widerspenstig, starrköpfig, aufgebläht, selbstgefällig, unsittlich, extrem ehrgeizig.
- höhere Typen: Edel, aufrichtig, großmütig, großzügig, nobel, selbstbewusst, würdevoll, ehrgeizig, aristokratisch, stolz, standesbewusst, warmherzig, wohlmeinend, mutig, tapfer, kühn, pracht- und luxusliebend, offen, freiheitsliebend, geselligkeitsliebend, hilfsbereit, gerecht, intuitiv, schnell auflassend, interpretierend, unproblematisch.

Berufe:

- niedere Typen: Juweliere, Goldschmiede, Köche, Spekulanten, Börsianer, Prinzipale.
- höhere Typen: Bildhauer, Kunstgewerbler, Magistrate und Staatsbeamte, Direktoren, Diplomaten, Priester, Würdenträger, Regierungspersonen, Repräsentanten, Monarchen, Fürsten, Präsidenten.

Die astralen Bilder der Sonne resp. ihre Erscheinungsformen:

Ein König, mit dem Zepter geschmückt, auf einem Löwen reitend. Ein gekrönter König, ein Adler, ein Löwe, ein Hahn, ein Zepter, Eine Gestalt in einem Safran oder goldfarbenem Kleid.

Besondere Gaben und Fähigkeiten:

Verleihen von Gold, Edelsteinen. Verschaffen von Reichtümern und Gunst. Aussühnen von Feindschaften. Aufhebung von Krankheiten. Auf eine goldene Platte bei günstigem Stande der Sonne graviert, macht sie den, der sie bei sich trägt, angenehm, liebenswürdig, gewaltig in allen Dingen, verleiht ihm Ruhm, stellt ihn Königen und Fürsten gleich, indem sie ihn auf die höchste Stufe des Glückes erhebt und ihn alles erlangen lässt, was er nur wünscht; bei ungünstiger Sonne graviert, macht sie dagegen ihren Besitzer tyrannisch, stolz, ehrgeizig, unersättlich und bereitet ihm ein schlimmes Ende.

Die Mythen berichten von Apollon, der ein Sturm-, Feuer- und Lichtgott ist, der Gottessohn der Sonne und damit des Lebens. Apollon ist der Träger der Heilkraft, er bringt die Erleuchtung und mit seinen Strahlen tötet er die dunklen Wesen der Unterwelt. Die Sonne wird als männlich angesehen, als warm und trocken. Sie symbolisiert den Lebenskern, die Lebenskraft, speziell das Herz, dazu den Lebenswillen, das Selbstbewusstsein und die Ausstrahlungskraft, ferner die eigene Autorität. Sein Auftreten macht immer großen Eindruck. Es strahlt etwas aus, wenn ein sonniger Mensch einen Raum betritt. Auch der Höhepunkt des Lebens wird durch die Sonne symbolisiert.

Von den Operationen der Venus machten sie zur Erlangung von Huld und Wohlwollen in der Stunde der Venus, wenn sie in den Fischen aufstieg, ein Bild, das eine Frau mit einem Vogelkopf und Adlerfüßen darstellte, die einen Pfeil in der Hand hielt. Ein anderes Venusbild machten sie, um Liebe bei Frauenzimmern zu erwecken, auf einen Lasurstein in der Stunde der Venus, wenn sie im Stier aufstieg; es hat die Gestalt eines nackten Mädchens mit aufgelöstem Haare, das einen Spiegel in der Hand, und am Hals eine Kette trägt; neben ihm steht ein schöner Jüngling, der mit seiner linken Hand das Mädchen an der Kette hält, mit seiner rechten aber die Haare desselben ordnet, während beide einander anblicken und in ihrer Nähe ein kleiner, geflügelter Knabe mit einem Schwert oder einem Pfeile in der Hand sich befindet. Noch ein anderes Venusbild machten sie, wenn das erste Gesicht des Stiers oder der Waage oder der Fische mit der Venus aufstieg; dasselbe stellte ein Mädchen mit aufgelöstem Haare und langen, weißen Kleidern vor, das einen Lorbeerzweig, oder einen Apfel, oder Blumen in der rechten Hand, und in der linken einen Kamm hielt. Es soll einen Menschen sanft, angenehm, stark und fröhlich machen, sowie Schönheit verleihen.

Ergänzung:
Die astralen Bilder der Venus resp. ihre Erscheinungsform

Ein König mit einen Zepter, der auf einem Kamel reitet.
Ein kostbar geschmücktes Mädchen.
Eine nackte schöne Frau.
Eine Ziege, ein Kamel, eine Taube.

Besondere Gaben und Fähigkeiten:

Verleihen von Schätzen, Kostbarkeiten, Festen, Schwelgereien, Lustbarkeiten, Üppigkeiten. Stiftungen von Ehen. Verführungen zu Liebschaften. Heilen von Krankheiten, aber auch Verleihung von Geschlechts- und Hautkrankheiten. Der Venus-Talisman erschafft Eintracht, schlichtet Streitigkeiten, erwirkt ihrem Besitzer die Liebe der Frauen, befördert die Empfängnis, vertreibt die Unfruchtbarkeit, verleiht Kraft im Werke der Liebe, löst allen Zauber, stiftet Frieden zwischen Mann und Weib, erzeugt große Fruchtbarkeit unter den Tieren jeder Art, und vermehrt, in den Taubenschlag gelegt, die Tauben. Auch ist sie gegen alle melancholischen Krankheiten dienlich, macht fröhlich, und verleiht, bei sich getragen, eine glückliche Reise. Bei ungünstiger Venus auf Kupfer graviert, bewirkt sie von allem Angeführten das Gegenteil.

Beschwörungen der Venus sind wohl diejenigen Beschwörungen, die am häufigsten von Okkultisten unternommen werden, da sich die meisten, an okkulten Gebieten interessierten Menschen, mit Liebes-Magie beschäftigen. Das Ziel ist meist, das Liebes-Empfinden zu steigern, Gegenliebe zu erwecken. Das Symbol der Venus ist wie bei jedem Planeten, ein Ur-Symbol. Jedes Symbol ist ein Rudiment von geometrischer Konstruktion, und jedes astrologische Symbol ist ein Schlüssel, dessen Geheimnis noch verhüllt ist. Der Kreis bedeutet: Geist, das Kreuz: Gebunden sein, und Materie (vier Elemente). Da bei diesem Symbol der Kreis über dem Kreuz steht – das gegenteilige ist beim Symbol der Erde zu sehen – so bedeutet dieses, dass die Venus bereits das Gebunden sein an die Materie überwunden hat und der Geist die Materie beherrscht. Aus diesem Grunde ist die Venus in ihrer Schwingung als absolut harmonisch anzusprechen.

Qualität:

Wasser, negativ, passiv, magnetisch, weiblich, sensibel, materiell, phlegmatisch, warm und feucht, fruchtbar.

Prinzip:

Liebe, Zuneigung, Zusammengehörigkeit, Harmonie, Schönheit, Reinheit, Rhythmus, Kunst, Tanz, Musik, Geselligkeit, jüngere Weiblichkeit.

Charaktere:

- niedere Typen: Träge, faul, unordentlich, genusssüchtig, unüberlegt, hohl, ungeschickt, geschmacklos, sehr sinnlich, ausschweifend, wollüstig, sehr begehrlich, unmäßig, pervers, vergnügungssüchtig, eifersüchtig, untreu, eitel, putzsüchtig und unmoralisch.

- höheren Typen: Freundlich, heiter, fröhlich, anmutig, graziös, liebenswürdig, hilfsbereit, gesellig, harmonisch, rein, keusch, ethisch, höher strebend, philanthropisch, mitfühlend, künstlerisch befähigt, kunstliebend, anschmiegsam, treu, zuverlässig, hingebungsvoll, selbstlos, gerecht, zärtlich, scherzhaft, schelmisch, optimistisch, geschmackvoll, ästhetisch, aber etwas sinnlich und luxusliebend.

Aphrodite = Venus gilt als unwiderstehlich, so dass selbst Ares (Mars) sich ihr unterwirft. Als Tochter des Zeus (Jupiter) ist sie die „Schaumgeborene", die himmlische Liebe verkörpernd, aber auch die Göttin, die über die animalische Sinneslust regiert und vermittelt. Venus symbolisiert das Empfinden, den Kunstsinn, die Liebe, die Weiblichkeit, die Harmonie, Kulturbedürfnis, den Takt, die Umgangsformen. Aber die Venus verführt, lockt in Abgründe, sowohl die positive wie negative Seite – denn: „Liebe" macht blind!

Von den Bildern des Merkur

Von den Operationen des Merkur machten sie in der Stunde des Merkur, wenn er in den Zwillingen aufstieg, ein Bild, das einen schönen, bärtigen Jüngling vorstellte, der in der linken Hand einen Stab, um den eine Schlange gewickelt war, in der rechten aber einen Pfeil trug und Flügel an den Füßen hatte. Dieses Bild soll Kenntnisse und Beredsamkeit, Geschick im Handel und Gewinn verschaffen, auch Frieden und Eintracht zu Stande bringen als auch das Fieber heilen. Ein anderes Bild des Merkur machten sie, wenn er in der Jungfrau aufstieg, um Wohlwollen, Geist und Gedächtnis zu erlangen; es stellte einen auf einem Stuhle sitzenden oder auf einem Pfauen reitenden Menschen vor, der Adlerfüße und auf dem Kopfe einen Kamm hatte, und in seiner Linken einen Hahn oder Feuer hielt.

Ergänzung:

Merkur macht angenehm und glücklich in der Erreichung von allem, was man wünscht; er verleiht Gewinn, vertreibt die Armut, stärkt das Gedächtnis und den Verstand, macht zur Wahrsagung geschickt und verschafft in Träumen Kenntnis von verbogenen Dingen. Die negative Seite bewirkt von all diesem das Gegenteil. Hermes = Merkur war dem

Sonnengott Helios/Apollon in den Mythen stets am nächsten. Er hatte die Aufgabe, den Menschen den Willen der Götter mitzuteilen und die Wünsche der Menschen den Göttern zu überbringen, z. B. durch quabbalistischen Formeln den Magier vor den Gefahren der „Venus" zu schützen. Dazu bedarf es Schläue und Verstand, einer guten „Seelenführung" sowie Wachheit und Beobachtungsgabe. Hermes/Merkur gilt als der menschlichste aller Götter, hat aber auch als Gott das Verständnis für „menschliche Schwächen" und hilft ihnen sie zu überwinden! Merkur symbolisiert die Kontaktreiche Verständigung, die Gabe der Vermittlung, den Alltagsverstand, das **Sprechen**, das Aufspüren von Neuigkeiten und die Verbindung zu Geschäften. Merkur ist der Bote, der Agent mit Reaktionsgabe, geistiger Wachheit sowie schnellem Denken und Sprechen. Wer einen guten Merkur hat, sagt der Volksmund, findet zur rechten Zeit das richtige (quabbalistische!) Wort.

Ein negativer Merkur dagegen symbolisiert die Neigung zur Kritik, zur Voreiligkeit und auch zum Betrug. Er steht dann auch für die Nervosität, für Neid und die Sucht, Geschäften nachzujagen.

Von den Bildern des Mondes

Von den Operationen des Mondes machten sie gegen die Ermüdung auf Reisen ein Bild in der Stunde des Mondes, wenn derselbe in seiner Erhöhung aufsteigt; es stellte einen auf einen Stab gelehnten Mann dar, der einen Vogel auf dem Kopfe und vor sich einen blühenden Baum hatte. Ein anderes Bild des Mondes für das Wachstum der Feldfrüchte und gegen Gifte und Kinderkrankheiten machten sie in der Stunde des Mondes, wenn dieser im ersten Gesichte des Krebses aufsteigt; es war dies die Figur einer Frau, die auf einem Stier oder siebenköpfigen Drachen oder einem Krebse ritt, einen Pfeil in der rechten Hand und in der linken einen Spiegel hatte, und weiße oder grüne Kleider trug; auf ihrem Kopfe befanden sich zwei um ihre Hörner gewickelte Schlangen, und um jeden Arm hatte sie ebenfalls eine Schlange gewickelt, desgleichen um jeden Fuß. Damit glauben wir nun von den Planetenbildern genug gesagt zu haben.

Ergänzung:
Astrale Bilder des Mondes resp. Symbol-
und Erscheinungsformen:

König mit Pfeil und Bogen. Figuren mit voller Gestalt. Gestalten in farbigen Gewändern, besonders in den Mondfarben. Eine Hirschkuh. Knabe mit Pfeil und Bogen. Jägergestalten oder Jägerinnen. Nixen und Meermädchen. Wassergötter. Vielfüßige oder krebsartige Tiere. Hässliche Gestalten mit aufgeschwemmten Zügen. Frauen mit starken Brüsten. Gestalten mit Wasserpflanzen geschmückt. Undinen und Frauengestalten mit Fischschwänzen. Missgeburten, in deren Gestaltung obige Tierentsprechungen vereinigt sind von groteskem Aussehen.

Macht angenehm, liebenswürdig, fröhlich und geehrt; sie lässt keine Bosheit, kein Übelwollen aufkommen, verleiht Sicherheit auf Reisen, Vermehrung des Vermögens, körperliche Gesundheit und vertreibt Feinde und anderes Schädliche von jedem Orte, wo man will. Wird sie dagegen bei ungünstigem Monde auf eine bleierne Platte gestochen (Siegel), so bringt sie jedem Orte, wo man sie in die Erde eingräbt, nebst seinen Bewohnern, sowie denen, die sich sonst dort aufhalten, Unglück. Auf gleiche Weise ist sie den Schiffen, Brunnen, Flüssen und Mühlen verderblich; sie bringt jedem Menschen Unheil, gegen den sie nach Vorschrift angefertigt wird, indem sie ihn aus seinem Wohnsitze, wenn man sie daselbst eingräbt, und aus seiner Heimat vertreibt. Auch den Ärzten und Rednern ist sie in ihrem Berufe hinderlich, wie überhaupt allen Menschen, gegen die sie verfertigt wird.

So vielfältig, wie sich der Mond am Himmel zeigt, so vielfältig sind seine Mondgottheiten. Das ist einmal Artemis, die jungfräuliche Göttin, dann Hera, die Göttin der Mütterlichkeit, aber auch Demeter, die sorgende Mutter symbolisierend. Dem abnehmenden Mond entspricht Persephone, dem Dunkelmond Hekate, die dämonische Mondgöttin. Der Mond symbolisiert das seelisch Unbewusste, das Grundgefühl, aber auch die Fruchtbarkeit, das Gebärende. Ferner symbolisiert der Mond das Heim, die Familie, die Mutter. Der Mond zeigt auch das Verändernde an, die Launen der Seele, das Aufnehmen und das Verwerten von Erfahrungen. Blavatsky sagt in ihrer Schrift „Stimme der Stille" genauso wie Bardon, dass der Mond der Seele vorsteht, deswegen die Farbe Silber für die Astralschnur!

Uranus

Ouranos = Uranus war der Vater des Saturn, entstanden durch Gaia, die

Göttin der Erde, mit der er zahlreiche Ungeheuer zeugte. Aus Hass auf diese Ungeheuer entmannte Chronos (Saturn) seinen Vater und befreite die Uranidenschar; damit beginnen diese Geschöpfe in der Welt in Erscheinung zu treten. Ouranos (Uranos) kommt also scheinbar aus dem Nichts, und er schafft aus dem Nichts, was ein Hinweis auf seine makrokosmische Quabbalistik ist! Auch dass Uranus als die höhere Stufe des Merkur angesehen wird, deutet darauf hin (Siehe Bardons „Evokation"!) Dieser Planet symbolisiert in erster Linie die Intuition, den scheinbar unvorbereiteten Einfall, die spontane Erkenntnis von Zusammenhängen. Er symbolisiert damit aber auch das Zerstören des Alten, das Hinwegsetzen über Erfahrung und Tradition. So steht Uranus auch für die Originalität, für Reformen, für weiterentwickelte Technik, und letztlich auch für Revolutionsvorgänge. Er ist die Erneuerungskraft.

Neptun

Poseidon = Neptun war der Gott des Meeres, des Elements mit der eigentlichen Schöpferkraft. Neptun wird als die höhere Stufe der Venus angesehen, was sich zu bestätigen scheint. Neptun, dessen Symbol ein Dreizack ist, symbolisiert den animalisch-sexuellen Urinstinkt, die schöpferische, unausgereifte Fantasie, das Erahnen, das Ur-Wasser und die göttliche Erst-Erotik. Auch das Wissen um die dunkelsten Seiten des Lebens, damit die Eingebung, das Mystische, den Hang zur Magie, zum Außenseitertum. Aber auch Täuschung wird hier symbolisiert, vor allem die Selbsttäuschung bzw. die Selbstbespiegelung.

Pluto

Pluto wird in der griechischen Mythologie als teuflisch angesehen und so ist auch der Planet! Er ist eine höhere Oktave des Mars, welcher laut Bardon schon sehr schwer zu beherrschen ist. Wie zerstörerisch ist dann Pluto? Pluto soll wie die anderen Trans-saturnischen Planeten nicht zu unserem Sonnensystem gehören. Sie wurden aber von unserer Sonne einverleibt. Sein Charakter ist zerstörerisch und revolutionär. Seine Hauptentsprechungen sind die dunkle Magie und die Transmutation. Er ist einer der großen Übeltäter. Er ist die Verwandlung einer Kraft in die andere, er führt von der Erstarrung zur Neubelebung, von einem Zustand zum Anderen, von einem Sein ins Andere, vom Diesseits zum Jenseits.

Daher herrscht Gott Pluto in der griechischen Mythologie über das Totenreich, über die Zwischenwesen und das Astralreich! Er ist das große Dämonium im geistigen Tierkreiszeichen Skorpion. Er ruft nicht plötzliche Revolutionen wie Uranus hervor, sondern Pluto bringt dasjenige, das schon lange im Stillen schwelgt, sich im Unterirdischen vorbereitet hat, ans Licht des Tages, wenn die Zeit reif ist. Die Kraft des Pluto ist wie ein im Inneren brodelnder Vulkan, der dann mit elementarer Gewalt ausbricht. Er ist das bösartige Geschwür im Körper, das wächst und aufbricht! Seine Wirkung geht immer ins Gigantische, Unermessliche, Phantastische! Pluto soll die Masse ausdrücken, auch Massenmittel, Massenvernichtungskraft. Hier steht Pluto wahrscheinlich für Massenaufbruch kämpferischer Art, für Massenrevolutionen, heftige Machtauseinandersetzungen. Individuell vielleicht für Machthunger, Herrschaftsanspruch, Benutzung von Gewaltmitteln. In seiner oberen Oktave ist er die reinste, höchst potenzierteste, schöpferische Willenskraft, wie die eines hochrangigen gottverbundenen Magiers!

Pluto wirkt auf der materiellen Ebene:

– hemmend, verhüllter Hass, tödliche Feindschaft, gewaltsamer Tod, Zersetzung, Zerstörung, brutaler Kampf, Gewalt, Fanatismus, äußerst riskante Abenteuerlust, schwarze Magie, Mord, Sexualverbrechen, Masochismus.

Pluto wirkt auf die geistige Ebene:

– regenerierend, sanierend, verwandelnd, bewusste Schau, Magie, Magnetismus, Alchemie, Erhebung, geistiges, erfülltes Führertum.

Pluto hat Beziehung zu allem, was unter der Erde ist: zu Höhlen, Quellen, Vulkanen, Mineralien, Steinen, Gruben, Erdkräften, geologisch-physikalischen Erdvorgängen, Erdbeben, Seebeben. Auch in den lebensspendenden Heilquellen und Mineralien zeigt sich seine Wirkung. Seit Entdeckung des Planeten widmet sich die Erforschung mehr und mehr den subtilen Kräften der Erde zu, wie z. B. der Atmosphäre, dem Magnetismus, der Bodenstrahlung, Höhlenforschung, Altertumsforschung. Pluto ist nicht umsonst der Herr der Unterwelt und der Hölle! Auch archäologische Funde und Ausgrabungen fallen in diesen Bereich. Die Überwindung der Schwerkraft und des Luftdrucks, das Raketenproblem,

Atom- und Minenkriege, Seuchen sind dem plutonischen Einfluss unterworfen. Alle physikalischen Medien, sensible Veranlagung, psychometrische Talente, Empfindlichkeiten gegen Wetter, Erdbeben, Ausstrahlung von Mensch und Tier gehören zu Pluto. Pluto macht ferner geneigt für: Levitationen, zur Ekstase, Fernbewegungen, Fernwirken, Materialisation-Phänomene, Eignung zur Magie und Beschwörung, Hexereien, Zaubereien alles negativ betrachtet. Des Weiteren Wünschelrutengänger, Pendler, Spürsinn, erhöhter Tastsinn, Geruchssinn usw.

Seine analogen Entsprechungen für die praktische Magie sind:
- eignet sich zum heranziehen von verborgenen, unterirdischen Kräften
- ihm gehorchen die gesamten Kräfte der unteren Welt; man kann sie zur Schatzsuche wie zur Nekromantie verwenden
- er entfaltet seine Kräfte nur Nachts in den Mitternachtsstunden
- seine negativen Wesen reagieren auf Blut, aber auch auf Qualen der Opfer (bei Zauberpraktiken!)
- seine Magie führt unweigerlich in die unheimlichen Bezirke der dunkelsten, „teuflischen" Magie
- geräuchert werden verglühende Metalle, als Tiere unterstehen ihm alle unterirdischen, in Höhlen lebenden Tiere
- Beschwörungen sollen in licht- und fensterlosen Räumen vorgenommen werden. Zur Beleuchtung dienen Erdöl- oder Tranlampen; keine Wachskerzen (nur bei Zauberei)
- die Farben Plutos sind: Tief dunkles Braun-Schwarz; Schwarz, tief dunkles Rot; Drommetenrot.
- Sein Metall ist Antimon; Utensilien sollen aus Lava hergestellt sein
- Steine: Karfunkel, Granat, Blutstein, Magnetstein

Seine Domäne sind: In der Psyche des Menschen tief verborgene Kräfte und Regungen, Hass, sexuelle Grausamkeit, Freude am Quälen, Masochismus, Perversion, die bis zur Vernichtung des Opfers führt. Er ist halt der große Vernichter, der Fürst der Unterwelt!

Es gibt dann noch einen 12 Planeten, den Transpluto, aber selbiger wurde erst errechnet. Er soll die höhere Oktave von Jupiter sein und vertritt die höher gepolte Religiosität auf kosmosophischer Basis! Er ist Mitbeherrscher des Tierkreiszeichens Stier. Er beeinflusst künstlerisch veranlagte Naturen, schlecht aspektiert verführt er zu erotischen Verspannungen, Perversitäten und Überpolung der Psyche. Er ist der kosmische Inspirator der heutigen Kunst.

3. Schulung der Wachsamkeit – Teil II

Gustav Meyrink beschreibt in seinem tiefgründigen Roman „Das grüne Gesicht" wertvolle Meditationen für den Hermetiker.

Als wichtigste Voraussetzung wird ein unentbehrliches „Wachsein!" gefordert. Sei wach bei allem was Du tust, mache alles bewusst und aufmerksam, so sagt man; denn keiner der da lebt, kennt den wahren Wert der Wachsamkeit! Zur Erreichung dieses notwendigen Zustandes wird zu folgender Übung geraten: Man stelle sich fest hin, unbeweglich und konzentriert, und denke mit stärkster Kraft: „Jetzt bin ich wach." Immer und immer wieder, bis der erhöhte Zustand eintritt!

Des Weiteren:

- Die Zähmung des Körpers im Ägyptischen Sitz erleichtert diese Übung: Aufrecht hinsetzen, absolut regungslos! Nicht die aller leiseste Bewegung ist dem Körper gestattet.
- Dann Beherrschung der Gedanken: Bezwinge alle tollen Hin- und herhüpfenden Gedanken. Einziges Mittel ihnen Herr zu werden ist die Flucht in ein „höheres Wachsein", wie es Meyrink schildert. Wir Hermetiker nennen diese Eigenschaft Unantastbarkeit, Unbesiegbarkeit, Unangreifbarkeit. Das zu erreichen ist das Ziel eines jeden Schülers, will er Herr der Gedankenwelt werden. Freilich muss es jeder selber erlernen.

4. Eine Vision
Angel

Erstaunt blicke ich mich um. Nichts ist geblieben. Nur ein paar Scherben liegen verteilt in der Leere, Scherben die einmal mein Leben waren. Scheinbar bin ich alleine hier, doch wo bin ich überhaupt? Ich kann nichts sehen und alle Sinne sind vernebelt. Doch als Grenzgänger, der ich im Leben war, fühle ich auch eine merkwürdige Vertrautheit. Ich gehe ein Stück nach vorn, trete dabei auf meine Scherben, würdige sie keines Blickes. Alles ist bedeutungslos hier. Für dieses zersplitterte Glas habe ich soviel gelitten und aufgegeben?

Alles schwarz, kein Raum und keine Zeit. Ich kann mich nirgendwo orientieren. Nicht einmal an mich selbst kann ich mich klammern, denn ich fühle absolut nichts. Keine Trauer, keine Freude, nur pures Bewusstsein. Ich existiere, das ist alles was ich im Moment weiß. Gedankenlos gehe ich weiter. Könnte ich fühlen, so hätte ich jetzt bestimmt Angst. Wovor? Vor der Ungewissheit, vor dem absoluten Nichtsein dieses Ortes.

Dann höre ich plötzlich etwas! Ein Zischen dringt an mein Ohr, doch ich kann nicht erkennen, von wo es kommt.

„Dreh´ dich um!", donnert mir eine Stimme von hinten entgegen und erschrocken fahre ich herum. Inmitten der Schwärze steht eine flammende Gestalt, halb Schatten und halb Licht, weder männlich noch weiblich. Zwei dunkle Schwingen ragen aus dem Rücken des Wesens, die Augen wechseln ihre Farbe permanent. Die Gestalt an sich ist schön, doch die Ausstrahlung ihrer Macht ist entsetzlich und kaum erträglich. Der Anblick dieses Farbenspiels von Flammen und Schatten ist verwirrend und lässt mich taumeln. Doch an diesem Ort gibt es weder gut noch böse, und so kann ich nicht sagen, was das feurige Wesen von mir will.

„Ich bin deine Leidenschaft!", sagt es unvermittelt und hebt die linke Hand zum Gruß.

„Ich habe dich in den Abgrund geworfen, doch ich habe dich auch wieder emporgehoben. Ich stehe niemals still und hiermit habe ich dich angetrieben!"

In der Hand des Wesens materialisiert sich mit lautem Getöse eine Peitsche aus purem Feuer. Mit einer ungeheuren Wucht schwingt es auf einmal die Feuerpeitsche und lässt sie auf mich niedersausen. Der Schlag schmettert mir auf den Rücken und der Schmerz raubt mir alle Sinne.

Doch dann merke ich plötzlich, wie reine Emotionen in mich strömen und aller Nebel in meinem Kopf lichtet sich. Purer Wille erwacht in mir, ausgelöst durch den Hieb. Die Gefühle in mir toben, ich spüre Hass, Liebe, Verzweiflung, Hoffnung, Furcht und Übermut zur gleichen Zeit. Mein ganzes Sein droht zu zerbersten und mein Verstand schwindet.

Dann höre ich das feurige Schattenwesen, meine Leidenschaft, laut und höhnisch lachen. Seine mächtige Hand umfasst meinen Arm und hilft mir wieder auf die Beine. Die Berührung brennt unbeschreiblich und das Licht des Wesens geht auf mich über. Meine Gestalt wandelt sich, ich sehe meiner Leidenschaft nun sehr ähnlich, meine Form ist jedoch nicht so unstet, meine Augen dunkel, grausam und nachsichtig zugleich. Ich erinnere mich wieder an meinen Namen, weiß wer ich bin und Stolz bemächtigt sich meiner. Ich bin Angel, der Engelsgleiche, welcher das dunkle Feuer in sich trägt! Meine eigene Ausstrahlung erleuchtet nun diesen Ort und alles wird räumlich.

Auch alle anderen Erinnerungen kehren wieder: 27 Jahre wandelte ich auf Erden, bevor ich mein irdisches Dasein beendete und hier gelandet bin. Aber warum ausgerechnet hier? Diese Zwischenwelt war mir fremd, obwohl ich schon in vielen Sphären war. Es gibt also noch Fragen, die beantwortet werden müssen. Mit meiner Gedankenkraft sollte ich es schaffen, von hier wegzukommen.

Ich wünsche mich fort von hier, und wie ein brennender Komet rase ich nach oben. Doch irgendeine Macht will nicht, dass ich schon gehe! Je höher ich steige, desto mehr verliere ich das Bewusstsein. Etwas drückt mich nach unten. Unvorstellbare Kräfte zerren an mir, reißen mich fast auseinander. Zorn erwacht in mir, denn ich bin Angel und nichts hält mich auf! Aber es hilft alles nichts, der Wille des Unbekannten ist größer als meiner. Wenn ich noch weiter nach oben steige, werde ich sterben . . . zum zweiten Male und dieses mal endgültig. Ich unterdrücke meine Wut und sinke wieder nach unten, in die Leere des Abgrunds. Je weiter ich falle, umso deutlicher erkenne ich nun eine Wüste, wo vorher nichts gewesen ist. Der Ort hat sich gewandelt, Meere von Sand türmen sich zu gigantischen Dünen auf. Meine Füße berühren den Sand, mein Flug ist vorerst zu ende. Bis zum Horizont erstreckt sich die Wüste, sie scheint grenzenlos zu sein.

Ein leichter Wind weht, er ist warm und angenehm. Ich sehe keine Sonne, und doch ist es Tag. Der Sand scheint fast weiß zu sein und es tut in den Augen weh, ihn anzuschauen. Nichts regt sich hier, scheinbar kann hier kein Leben gedeihen. Nichtmal Kakteen oder Sträucher existieren hier, einfach nur Sand, egal wo man hinblickt.

Meine feinen Sinne spüren jedoch eine Lebensform . . . irgendwo in den Weiten der Dünen. Ich wünsche mich in ihre Nähe und im nächsten Augenblick stehe ich in einer kleinen Oase. In ihrer Mitte glitzert die Wasseroberfläche eines kleinen Teiches, sein Wasser ist smaragdgrün.

Eine Frau sitzt weinend daneben im Sand, sie trägt nur ein weißes Kleid, ausgebleicht und zerfetzt. Ich kann ihr Gesicht nicht sehen, ihr Rücken ist mir zugewandt.

„Verschwinde, Angel", sagt sie mit zitternder Stimme ohne mich eines Blickes zu würdigen.

„Du kennst mich?"

Erstaunt gehe ich ein paar Schritte auf die Frau zu.

„Wie könnte ich dich und was du mir angetan hast, je vergessen", antwortet sie verbittert und wendet mir ihr Gesicht zu.

Es trifft mich wie ein Schlag und böse Erinnerungen durchzucken meinen Körper.

Selina . . . Als die Erde noch meine Heimat war, da ging ich mit ihr ein Stück des Weges gemeinsam. War es Liebe? Eine Zeitlang vielleicht, doch Selina war unbeständig in meinen Augen, hat das dunkle Feuer nicht ertragen und wurde unglücklich. Ich verließ sie. Für sie brach eine Welt zusammen, doch ich war unnachgiebig.

Vorwurfsvoll blickt mich Selina an, Tränen rinnen über ihre Wangen.

Mein Blick wird sanft, als ich sie frage: „Was habe ich dir denn schon angetan? Es war gut, dass sich unsere Wege trennten, glaube mir. Du hättest mich nicht länger ertragen, dein Herz wäre an mir zerbrochen."

„Das ist es ohnehin, ich habe dich nie überwunden, Angel! Und sieh nun, was ich davon habe! Ich sitze seit Ewigkeiten in dieser Wüste fest, meine Tränen füllen diesen Teich! Dein Chaos hat mich hierher verbannt!"

Während sie dies sagt, wird sie immer aufgebrachter und langsam erhebt sie sich und kommt auf mich zu.

Ich will sie beruhigen, ihr Worte des Trostes spenden, doch ihr Zeigefinger berührt ihren Mund und sie gibt mir zu verstehen, dass ich schweigen soll.

Eine Ahnung von Gefahr beschleicht mich, und meine Gesichtszüge werden wieder härter. Selina steht nun direkt vor mir und unvermittelt umschlingen mich ihre Arme und sie küsst mich. Es ist ein gutes Gefühl, doch irgendetwas stimmt hier nicht. Als sich Selinas Lippen wieder von den Meinen lösen, flüstert sie mir ins Ohr: „Ich zeige dir, was du getan hast!"

Sie stößt mich plötzlich zurück, und in ihrer Hand erkenne ich einen funkelnden Dolch. Noch bevor ich reagieren kann, rammt sie ihn mir mitten ins Herz, der Schmerz lässt mich aufschreien. Hass steigt in mir auf und mein ganzer Körper wird zu einer alles verzehrenden Flamme. Meine Augen sprühen Funken, und Selinas Kleid fängt Feuer. Scheinbar völlig wahnsinnig geworden, brennt sie lichterloh und geht wild lachend zugrunde.

Dann ist es plötzlich wieder still und dunkel um mich herum. Ich fasse an meine Brust, doch ich spüre keine Wunde, nicht mal ein Kratzer ist geblieben. War das gerade real?

„Jana, das war mal wieder typisch", sagt auf einmal eine Stimme zu mir. Verdutzt schaue ich mich um, da tippt mir von hinten jemand auf die Schulter: „Ich bin hier, du Held!"

Ich drehe mich um und erblicke einen kauzigen, alten Mann mit langem weißen Bart, er sieht genauso aus wie man sich einen weisen Zauberer vorstellt. Auch der Ort hat sich abermals gewandelt, ich stehe nun mitten in einer Bibliothek. Abertausende Bücher stecken hier in ebenso vielen Regalen, auf dem Boden stapelt sich nochmal die gleiche Anzahl an Schriftrollen. Alles wirkt hier völlig durcheinander, doch es scheint durchaus ein logisches System hinter der Unordnung zu stecken.

Noch bevor ich fragen kann, wer der Alte ist, sagt er zu mir:

„Ich bin sozusagen dein Verstand. Leider muss ich dir sagen, dass ich viel zu selten zum Einsatz komme. Man sollte doch meinen, dass jemand, den man „engelsgleich" nennt, ein wenig klüger wäre, nicht wahr?"

Er sagt das zwar in einem beschwingten und nicht ganz ernst gemeinten Ton, doch irgendwie fühle ich mich beleidigt. Der alte Mann bemerkt es sofort und fügt hinzu:

„Nicht gleich böse werden, Angel! Siehst du, genau diese Reaktion ist es, die dich ständig in Schwierigkeiten bringt. Jemand, den du bald treffen wirst, hat einmal gesagt, dass man mit dem Herzen denken und mit dem Verstand fühlen muss. Derjenige ist um vieles größer, mächtiger und vollkommener als du. Du wirst dich freuen, ihn wiederzusehen."

Der Alte zwinkert mir beim letzten Satz verschwörerisch zu.

Ich denke kurz nach, dann sage ich:

„Wie soll man in einer Welt, die völlig verrückt und desorientiert ist, denn bitte seinen Verstand benutzen? Ich will verändern, umwandeln, Trost spenden, wo es nötig ist und vernichten, wo der Zweck gegeben erscheint."

„Ja, so kannst du dir deine Taten schön reden, nicht wahr? Frag´ doch mal

Selina ob dein Handeln für sie irgendeinen Zweck hatte", sagt der alte Mann mit plötzlicher Härte und funkelnden Augen.

Verschämt blicke ich zu Boden, muss eingestehen, dass seine Aussage wahr ist. Der Ausdruck des Alten wird wieder sanft, und lächelnd sagt er:

„Du siehst viel, Angel, doch das große Ganze bleibt dir verborgen. Und mehr darf ich dir nicht sagen. Genieße noch einen Moment die Stille meiner Bibliothek, denn gleich gelangst du an einen Ort, an dem du deine ganze Kraft brauchen wirst. Lebewohl!"

Ich schließe die Augen und sauge die angenehme Ruhe wie ein Schwamm in mich auf.

Mit der Ruhe ist es, wie der alte Mann vorausgesagt hatte, jedoch sehr schnell vorbei. Ein lautes Rauschen dringt an mein Ohr, und als ich meine Augen wieder öffne, stehe ich auf einem großen Felsen inmitten eines tobenden Meeres. Regen peitscht mir ins Gesicht und ein Sturm wirbelt die Wellen zu gigantischen Türmen auf. Seltsam, in der Ferne sehe ich die Ruinen eines Schlosses, dunkel und unheilvoll. Mit meiner Gedankenkraft wünsche ich mich dorthin und gelange in einen gewaltigen Hof. Viele umgestürzte Säulen liegen hier verteilt, es sieht so aus, als hätte ein langer Krieg die ganze Burg zerstört. Das riesige Schlosstor ist zersplittert und teilweise aus den Angeln gehoben. Alles hier wirkt trostlos und kalt, wie ein verlassenes Schlachtfeld. Ich fühle mich unwohl hier, die ganze Szenerie erinnert mich an die irdische Welt, die ich verlassen habe. Es ist hier nur nicht so laut, man hört nur die Wellen, die gegen die Mauern branden.

Mit einem ohrenbetäubenden Knall wird das morsche Holz des Schlosstores plötzlich auseinandergefetzt und mit Entsetzen sehe ich ein riesiges Ding, was aus dem Schloss gestürmt kommt. Es sieht aus wie ein schwarzer Stier, der allerdings auf zwei Beinen läuft und einen gewaltigen Kriegshammer in seinen Pranken hält. Feuer sprüht aus seinen Nüstern, seine Hörner stehen in Flammen. Dieses Ding ist die Höllenversion eines Minotaurus, mindestens vier Meter groß und offenbar schlecht gelaunt! Weglaufen wäre sinnlos, hinter mir ist nur das tobende Meer und meine Intuition sagt mir, dass ich mich auch nicht fortwünschen kann. Mir bleibt nur der Kampf! Mit aller Kraft erwacht mein Wille zu überleben und abermals entfessele ich mein dunkles Feuer, welches nun meinen ganzen Körper einhüllt. In meiner linken Hand erscheint ein Flammenschwert, leuchtend und bereit, Blut zu vergießen. Die Bestie und ich prallen aufeinander und die ganze Ruine erbebt. Feuer bekämpft Feuer, Hammer und Schwert wirbeln mit tödlicher Präzision durch die Luft, versuchen den Gegner zu verwunden. So wogt der Kampf lange hin und her, ohne dass einer von uns beiden die Überhand gewinnt. Allerdings schwinden meine Kräfte langsam, der Stier jedoch scheint nicht müde zu werden. Es wird immer schwieriger, seine Hammerschläge zu parieren, ich muss schnell meine Taktik ändern! In einem günstigen Augenblick lasse ich mein Schwert sinken und springe zur Seite. Noch bevor das Tier reagieren kann, ramme ich ihm meine Waffe in die Rippen. Die Klinge durchstößt das Fleisch wie Butter, das Blut zischt und verdampft als es das Feuer des Schwertes berührt.

Das Untier jedoch wirbelt herum und schmettert mich mit seiner Pranke gegen eine Mauer. Unfassbar, dieses Ding ist völlig unbeeindruckt! Der Schmerz des Aufpralls lähmt mich und erschrocken stelle ich fest, dass die ganze Mauer droht einzustürzen und mich unter sich zu begraben.

Der Stier könnte mich jetzt einfach mit dem Kriegshammer erschlagen, doch stattdessen packt er mich am Hals und hebt mich empor. Ich versuche mich aus seinem Griff zu lösen, doch vergeblich. Das Ding schleppt mich bis zum Rande der Ruine und wirft mich mit aller Kraft ins Meer. Mein Feuer erlischt, die Wellen ziehen mich unerbittlich nach unten, egal wie sehr ich dagegen ankämpfe. Das Wasserinferno begräbt mich unter sich, ich drohe zu ertrinken. Dies ist mein Tod . . . oder ein Tod, denn ich merke lediglich, wie irgendetwas in mir stirbt. Es fühlt sich schrecklich an. Etwas Unsterbliches geht zugrunde, ist für immer verloren. Benommenheit umfängt mich, doch eine starke Hand ergreift plötzlich meine Linke und zieht mich aus dem Wasser.

Ich sehe nur sprühende Farben, ein unglaubliches Schauspiel tanzender Lichter. Ich kann nichts erkennen, so strahlend ist der Schein. Ich werde ohnmächtig.

Als ich erwache, stehe ich vor einem großen Tempel, seine Mauern sind golden, er strahlt ein sanftes Licht aus. Ich bin unversehrt, doch ich spüre eine Leere im Herzen, die vorher nicht da war. Scheinbar hat mir der Stier etwas genommen, als er mich besiegte.

Aus dem Tempel tritt auf einmal eine Gestalt, sie trägt ein violettes Gewand und strahlt das gleiche Leuchten wie der Tempel aus. Zum ersten Mal fühle ich eine große Vertrautheit und völlige Geborgenheit.

Die Gestalt ist männlich und ein Mensch, ich gehe langsam auf sie zu.

Dann erkenne ich die Person und fassungslos sinke ich auf die Knie.

„Vater", hauche ich und ringe mit den Tränen.

Vor mir steht Anion, der Ewige, der die Erde schon viel eher als ich verließ. „Angel, mein Sohn. Steh´ auf und lass´ dich umarmen", sagt er und hilft mir auf die Beine. Die Umarmung ist lang und herzlich, alle Anspannung fällt von mir ab. In seiner Nähe komme ich mir klein vor, denn Anions Taten sind unvorstellbar für mich, wie für die meisten Anderen auch.

„Deine Zeit hier ist begrenzt, deshalb möchte ich dir gleich etwas zeigen und eine kleine Lektion erteilen. Du brauchst aber keine Furcht zu haben, ich werde dich schützen."

„Eine Frage habe ich, Vater. Was war das für ein seltsamer Ort, an dem ich mit dem Stier gekämpft habe?"

„Das war die Festung des Zweifels, in gewisser Weise hast du mit dir selbst gekämpft und konntest nur verlieren. Im Meer hast du einen Teil deiner Leidenschaft verloren, nämlich deinen Stolz. Der Zweifel, der stets an dir nagt, hat ihn dir genommen und dich noch viel mächtiger gemacht, denn ohne Stolz kannst du dich besser kontrollieren."

Die Worte Anions verblüffen mich, machen aber Sinn.

Mein Vater gibt mir mit einer Geste zu verstehen, dass ich ihm folgen soll. Ich gehorche und wir betreten den Tempel. Die Eindrücke überwältigen mich, sämtliche Gesetze des Universums sind hier symbolisch verewigt, vieles davon verstehe ich nicht.

Anion und ich bleiben vor einem großen Becken stehen, welches mit Wasser gefüllt ist.

„Du darfst einen Blick auf meinen Seelenspiegel werfen", sagt mein Vater und deutet mit dem Zeigefinger auf das Wasserbecken. Ich trete näher und schaue in die ruhige Oberfläche des Wassers.

Langsam formen sich Bilder darin, zuerst verschwommen, dann immer klarer.

Ich sehe eine unbeschreibliche Wesenheit, heller als tausend Sonnen, irgendwie gestaltlos und doch unveränderlich. Müsste ich es benennen, so würde ich sagen, es sieht aus wie ein leuchtender, still stehender Orkan. Doch auch Bewegung ist in diesem Ding zu erkennen, ein ganzer Kosmos von Farben und Formen pulsiert darin. Jede Beschreibung spottet der Macht dieses . . . Ungeheuers.

„Dies ist MEINE Leidenschaft, Angel. Zehntausend mal stärker als deine, und doch viel beherrschter", sagt Anion als er meinen ungläubigen Blick bemerkt.

„Würde sie in ihrer ganzen Pracht vor dir stehen, würde dein unsterblicher Geist in Fetzen gerissen werden. Der bloße Anblick würde dich in den

Wahnsinn treiben. Deshalb zeige ich sie dir durch den Spiegel, und selbst das ist noch gefährlich."

Wie um seine Aussage zu bestätigen, verschwindet das Bild plötzlich wieder und die Wasseroberfläche ist wieder glatt und ruhig.

„Wie schaffst du es, eine derart gewaltige Macht zu beherrschen", frage ich meinen Vater nachdenklich.

„Die Leidenschaft wächst analog zu meiner Entwicklung. Du musst all ihre Aspekte früh genug erkennen, um sie zu kontrollieren. Dann ist sie sowohl Schwert als auch Schild. Doch am besten ist es, Eigenschaften gar nicht erst zur Leidenschaft heranwachsen zu lassen."

„Was soll ich also tun? Für mich ist es schon zu spät, und ich habe die irdische Welt verlassen."

„Du musst zurück, mein Sohn."

Anions Worte treffen mich wie ein Schlag, ich will nicht zurück! Mein Vater erkennt meinen Schock und sagt:

„Ich helfe dir, Angel. Ich gebe dir zwei Geschenke mit auf den Weg. Dies ist das Erste!"

Anion erhebt seine Hand und in ihr formt sich eine kleine Sonne, ihre prächtigen Strahlen durchfluten den ganzen Tempel.

„Wo dein Stolz war, ist nun Leere, doch ich fülle dieses Nichts mit Hoffnung!"

Daraufhin legt Anion seine strahlende Hand auf meine Herzgegend und die kleine Sonne dringt in mich ein. Ein nie gekanntes Gefühl des Glückes und der Wärme durchströmt mich nun und reinste Lebensenergie durchflutet mein ganzes Ich.

„Das zweite Geschenk ist Erkenntnis. Lass´ uns zusammen auf die Erde herabschauen, damit ich dir etwas zeigen kann", sagt mein Vater und führt mich wieder aus dem Tempel heraus. Im Bruchteil einer Sekunde stehe ich mit Anion auf einem Berg, der offenbar mitten im Weltall schwebt. Ich schaue hinab und sehe unser Planetensystem, die Erde liegt direkt vor uns.

„Sieh genau hin", sagt mein Vater und stellt sich hinter mich.

Ich blicke auf die Erde und mit der Zeit erkenne ich immer mehr Details.

Ich sehe Menschen, Tiere und Pflanzen, alle irgendwie miteinander verbunden. Von hier oben betrachtet, sieht es sehr harmonisch aus.

Dann entdecke ich plötzlich auch mich dort unten, jedoch weit entfernt von den anderen Lebewesen. Erdrückende Dunkelheit umgibt mich, und ich werde von den Menschen gemieden. Das Bild wird noch deutlicher . . .

Um mich herum sehe ich verbrannte Erde, verkohlte Leichen und abgestorbene Bäume. Es ist ein ganz und gar jammervoller Anblick und ich will mich abwenden, doch Anions Hände berühren meine Schultern und mit einiger Härte sagt er: „Sieh hin! Sieh endlich wer du bist und was dein Ziel sein wird!"

Widerwillig tue ich was mein Vater mir sagt.

Ich sehe immer noch dasselbe Bild, doch langsam bewegt sich etwas dort unten. Mein kleines Ich auf der Erde schreitet fort von der Finsternis, scheinbar auf der Suche nach irgendetwas. Dann erblicke ich einen anderen Menschen auf der Erde, doch diese Gestalt ist von Licht und Leben umgeben. Ich sehe, wie ich auf diese Gestalt mit zaghaften Schritten zugehe. Als wir uns schließlich begegnen, erblüht alles um uns herum, doch auch Blitz und Donner durchzucken den Himmel. Es ist ein hoffnungsvoller, doch auch verwirrender Anblick.

Ich höre meinen Vater hinter mir, er flüstert mir ins Ohr:

„Einfach ist es nie Angel, doch der Lohn ist dafür umso größer. Trage alles, was du erlebt hast, tief in dir und finde Sie!"

Gerade als ich fragen will, wer „Sie" ist, gibt mir Anion einen Schubser und ich stürze den Berg hinunter, mitten auf die Erde zu.

Kurz vor dem Aufprall reißt mich etwas aus dieser Sphäre und als ich erschrocken die Augen öffne, bemerke ich dass ich in einem Bett liege.

Ein Mann in einem weißen Kittel lächelt mich an und sagt:

„Da hatten sie aber nochmal Glück. Wir dachten schon, wir hätten sie verloren."

Völlig aufgelöst und anfangs verwirrt, wird mir bewusst, dass ich im Krankenhaus liege.

Ich lebe noch . . . und habe nun ein Ziel vor Augen. Erschöpft denke ich nach. Ich kann nur hoffen, dass ich Sie finde und meine Mission erfülle.

Ja, hoffen . . . danke Vater.

5. Eine Astralwanderung
Bruder des Saturn

Da ich durch gewisse magische Prinzipien mich in einem Überbewusstsein befand, konnte ich meinen Astral förmlich aus dem Fleisch ziehen und es blieb ein silbriges, aber sehr dünnes und schmales Band am Nabel mit meinem Körper verbunden und so nahm ich alles wahr, was sich um mich im rundherum abspielte. In diesem homogenen, eigenartigen Zustand befand ich mich bis in den Morgen hinein, und zwar bis fünf Uhr, um sechs muss ich Werktags aufstehen, da mein Dienst um sieben beginnt. Obwohl ich im Bett lag, fror ich kolossal. Es war eine bittere und sehr kalte Nacht. Ich hatte mich nur mit einem Teppich leicht zugedeckt, um ja nicht durch die Wärme das Bewusstsein zu verlieren und Täuschungen oder gar in Träume überzugehen. Mein ganzer Körper war steif wie der eines Toten. Die heiße „Lust" stand im Zimmer, neben mir hörte ich das Hecheln meines Weibes! Denn Weichheit oder gar eine Lust darf der wahre Sucher und Neophyt nicht haben. Er muss den Dämon des Lasters, der Bequemlichkeit wie Trägheit keine Elle freigeben!

Zuerst war es wie ein Traum, wie wenn sich etwas mit Gewalt mir nähert, Gebein und Nerv abdrosselnd. Eine kolossale Angst überkam mich und etwas wie eine Stimme hauchte jetzt entsetzt in mein Ohr. Ich stellte alle ergreifbare Energie in eine elektrische Strahlung um und schleuderte sie bewusst der Stimme frech entgegen.

Ein funkeln wie von lauter Schneefallen vollzog sich vor meinen Augen. Ein Herzensschrei wollte sich meiner gepressten Brust entkräften, die noch verbliebene Luft konnte das Sprachorgan nicht mehr beeinflussen. Ich spürte die Kälte um die Füße aufwärts zum Herzen steigen und ich wollte meinen leiblichen Zustand nicht erfassen, ich kämpfe mit schrecklichen Krämpfen, es war wie beim Medium der fast gleiche Vorgang. Um mich bildeten sich weiße Schleier, die aus Sexualstoff bestanden, den Harnstoff und dessen Eileiterabstufungen erkannte ich deutlich. Auf einmal kam ich zur Ruhe. Ich fühlte, wie sich mein ganzer Körper aufbäumte und dann strecke. Ich konnte kein Glied mehr bewegen, die motorischen Nerven und Muskeln versagten ihren Dienst. Ich hatte Todesangst! Plötzlich, eine Leichtigkeit wie ein Luftzug überkam mich. Ich stieg auf, eine liebe negative Gestalt, die gesellte sich zu mir und dann schwanden die Wände des Schlafzimmers. Ich flog weit weg und blieb bis zum ersten Hahnenschrei. Es ging immer höher, die Erde lag in weißen Konturen weit unter mir. Ein scharfer Wind und einige Wolkenfetzen, wie der viertel Mond und unten die See, wie die aufgepeitschten Fluten waren meine geistigen Begleiter. Und immer schneller wie ein Wirbel ging es dahin. Ich kam an einen wunderschönen Ort, voller Harmonie und Töne erklangen in wolligem Schauer. Ich ging in ein schönes und stattliches, großes, geräumiges, klassisches Gebäude. Dort fand ich viele Bekannte und einstige Gleichgesinnte, die mir alle zunickten und lächelten, aber sonst stumm blieben. Es war ein Gebäude wie aus Kristall, ein acht flächiger Würfel, in der Mitte auf einem Marmor stehend, in verschiedenen Farbkonturen, die mich blendeten, wie ein Altar aufgebaut. Ich sah und sah gemeißelt in Skulpturen diese Schönheit, die mir fremd und unbekannt war, wie einen diamantenen Kelch aus lauter funkelten Steinen in Mosaik gestanzt. Das Zeichen „Saturn", aber in einem blutrotem Herzen einverleibt, an dem Schönheit und Kunst ein jedes Menschenherz sich erfreuen würde. Dahinter tat sich ein großer, steiler, gigantischer Berg auf. Auf dem steilen Gestein sah ich eine Gestalt stehen, im Höchsten wie aber auch in einem grausigen Leuchten in den Tiefen des Abgrund, wo ich Urgesänge vernahm, dass jeden der so beherzten Menschen in Wahn und Verderben stürzen würde. Ich sah mich nun an den Wänden um, sah ich eingeschnitzt wie lauter rote Herzen, die innen in verschiedenen Farben aufleuchteten; die in azurblauen bis zum saftgrünen und zum eisenschwarzen überleiteten! Oben sah ich Sterne funkeln wie lauter Diamanten, Smaragden, rosa farbige Rubine, scharlachrote Karfunkel, orangegelbe Spinellen, olivgrüne Beryll und Jade, kunstvoll geschliffene Karneole und Achate. Auf einmal ging ein Schauer der Angst wie Freude durch mich durch, doch dann als ich auf den Altar sah, da sah ich ein schwer-goldenes, mit lauter Perlen und Diamanten geschmückten Zepter liegen und daneben ein Richtschwert. Auf einmal sah ich lebende Personen vor mich stehen in vollen Logenornat. Sie gaben mir ein Zeichen und ich schritt nun die erste Stufe des Altars und dort sah ich das „Ur böse" in seiner Majestät als Fußsockel neben einer lichten schönen Gestalt stehen wie ein Adonis. Ein würdiger, aussehender Geist sprach zu mir folgende Worte: „Mein Sohn fürchte Dich nicht, wenn ich Dir mitteile, dass Dein bester Freund und Lehrer sowie Meister in Bälde abgerufen wird. Siehst Du diese Herzen, magst Du deutlich erkennen, welche noch im Erdendasein stehen und welche bereits hier sind. Und welche bald zum Tode bestimmt sind. Auch an den Herzen magst Du erkennen, welche zur Bestimmung und zum Gesetz eingehen werden."

Auf einer Tafel, die mit prächtigen, alten, ehrwürdigen Büchern bedeckt waren, saßen etliche, große Meister, ein Platz war leer und da sah ich ihn sitzen, mein lieben, ehrbaren und treuen Freund und Meister vom Stuhl.

Plötzlich verschwamm das Bild und ich hörte und sah große Katastrophen über den Erdball einbrechen, alles war im Aufbruch; die Technik steigt mit allen Risiken nicht ausdenkbar zu neuen, zu einen fontänenhaften Ausblick an. Das Weltbild verändert sich, was man in Jahrtausenden nicht gedacht noch geschrieben hätte geschrieben werden können. Alles wird gewandelt durch einen gewaltigen Umbruch in der Menschheitsgeschichte. Die Spreu wird vom Weizen getrennt und die Magier werden die Erde wieder bevölkern.

Sic transit gloria mundi – So vergeht der Ruhm der Welt!

6. Der Gottesbegriff bei den Okkultisten.
A. v. Ulrich.

Ein Interessent dieses Blattes wünschte in demselben eine ausführliche Erklärung des Gottesbegriffs bei den Okkultisten, und zwar von einer Person, die bewandert sei in den Lehren des Theismus, Pantheismus und noch etlicher zehn oder zwölf anderer Is-musse. Dieser Wunsch kommt mir sehr sonderbar vor, denn zwar kenne ich ziemlich genau alle diese Is-musse, sehe aber gar nicht ein, was dieselben mit meinem Gottesbegriff oder demjenigen irgend eines anderen Menschen zu tun haben. Alle diese philosophischen Auseinandersetzungen des Gottesbegriffs beeinflussen wohl nur wenig die Vorstellung, die sich ein jeder von seinem persönlichen Gott macht. Es geht damit wie mit der Grammatik; die Sprache ist immer zuerst da und entwickelt sich frei, und wenn sie zu einer gewissen Entwicklung gelangt ist, kommen die starren Regeln der Grammatik, um sie in Fesseln zu schlagen. Alle diese Is-musse sind nur Fesseln, die man dem freien Geiste auflegt, um ihn zu zwingen, so und nicht anders zu denken und zu glauben. In der Bibel wird uns gesagt, dass Gott den Menschen zu seinem Ebenbilde schuf, und wenn in diesem Worte auch eine tiefere Wahrheit liegt, so ist das Entgegengesetzte eben so wahr, dass der Mensch sich seinen Gott zu seinem Ebenbilde schafft. Der Mensch kann sich schwer etwas Höheres als sich selbst denken, darum ist sein Gott nur ein Spiegelbild seiner selbst. Der Manitu der Indianer ist eben ein Indianer, nur stärker und mächtiger; alle alten Völker bildeten ihre Götter in Menschengestalt ab. Die Griechen, denen Schönheit über alles ging, suchten ihre Götter so schön als möglich darzustellen; der sinnige Germane stellte sich seine Götter weise und klug vor; der rachsüchtige und leidenschaftliche Semit hatte einen Gott, der in Leidenschaft entbrannte und Rache übte.

Diese Beispiele zeigen deutlich, wie nicht nur jedes Volk seinen eigenen Gottesbegriff hat, sondern auch jeder Mensch sich seinen Gott aus dem Volksbegriffe noch nach seinem persönlichen Bedürfnisse ummodelt.

Wenn man also vom Gottesbegriffe der Okkultisten reden soll, kann jeder Okkultist nur von seinem eigenen Begriffe mit Sicherheit sprechen. Um aber den Fragesteller, so gut es geht, zufrieden zu stellen, will ich von dem Begriffe der Gottheit in der Vedanta Philosophie sprechen, die vielleicht das okkulteste in dieser Hinsicht ist, was wir kennen.

Ihr Begriff der Gottheit vereint in sich den Monotheismus, da sie alles auf das eine zurückführt; den Pantheismus, da sie die ganze Welt von der Gottheit erfüllt denkt; den Pankosmismus, da sie überall tätige Intelligenzen annimmt; ja selbst den Atheismus, da sie die Existenz einer Wesenheit, die man Gott nennt, leugnet. Dieses letztere ist für uns, die wir im Christentum erwachsen sind, am schwersten zu erfassen. Gott soll weder Wesenheit haben noch Geist sein und doch existieren. Gewöhnlich kann unser Verstand sich bis zu der Höhe dieses Begriffs gar nicht aufschwingen. Wenn man einen indischen Weisen nach dem höchsten unpersönlichen Gott fragt, so antwortet er gewöhnlich „Nur das nicht". Die Upanishaden sprechen von dem unpersönlichen Brahman nur in Negationen; sie zählen auf, was er nicht sei, nennen aber keine einzige Eigenschaft, denn was Eigenschaft hat, ist schon Wesenheit. Ein hoch mystischer Christ, der Priester Rosmini sagt in seinen Schriften, das einzige, was wir von Gott aussagen können, ist: „Er ist", alles übrige entspringt nur unserem beschränkten menschlichen Gehirn und hat nichts mit der Gottheit zu schaffen. Wir Theosophen nennen dieses Seiende das Absolute, und weder wir noch die indischen Weisen können uns einen klaren Begriff davon machen. Ich könnte also kurz dem Fragesteller antworten: Wir wissen, dass Gott ist, haben aber gar keinen Gottesbegriff. Doch um den indischen philosophischen Begriff weiter auszuführen, kann ich hinzusetzen, dass der Weise alles auf das Eine, Einzige zurückführt, alles von ihm herstammen lässt. Doch hier hat alles menschliche Denken eine Lücke, die unausfüllbar ist. Wie kann das, was keine Form hat, Formen ausströmen? Wie kann das, was keine Erscheinung hat, in die Erscheinung treten? Diese Lücke zwischen dem Absoluten und dem Einen ist unausfüllbar, wie ich soeben sagte; wir nennen zwar das Eine eine Emanation des Absoluten, aber ohne die Sache zu verstehen, es übersteigt eben den menschlichen Verstand. Im Poem des vierten Evangeliums wird das Eine Gott genannt und seine Tätigkeit „Logos" oder Wort, weil wirklich der Ton, das Wort Schöpfer der Formen, Ausdruck des Gedankens, Gottes ist. Auch wieder ein Wort, das wenig Sinn hat, denn es ist wieder so menschlich gedacht, dem Einen Gedanken zuzumuten. In jenen Höhen des Begriffes erscheinen alle Wortsymbole zu materiell; leider haben wir aber keine anderen Mittel, uns verständlich zu machen. Der Inder nennt die erste Emanation Brahmans Shiva und seine Tätigkeit Shakti; das heißt Wille und macht diese Shakti zum Weibe Shivas, gleich wie die Bibel die Willenstätigkeit Adams als sein Weib Eva darstellt. Nun entsteht in der indischen Philosophie eine dreifache Tätigkeit des Einen, wodurch er sich in unserem Menschengeiste als dreifach darstellt, das Schaffen, Erhalten und Vernichten. Die christliche Religion hat die dreifache Tätigkeit als drei Personen ganz materiell aufgefasst und die Tätigkeiten anders ausgedrückt als: Schaffen, Durchströmen, Vergeistigen, was dasselbe besagt, denn Vergeistigen heißt das Materielle auflösen, vernichten.

Jetzt aber kommen wir in der Schöpfungsperiode zu einem Begriffe in der indischen Philosophie, der uns Christen etwas ferner liegt, dem Mose in seiner Genesis aber bekannt war. Der Eine wird zu Vielen, er strömt aus sich Kräfte und Intelligenzen aus, die immer zahlloser werden, Formen über Formen hervorbringen. Der Inder nennt alle diese Kräfte Devas oder Götter. Moses nannte sie Elohim, ein sonderbares Wort, das Einheit und Mehrzahl in sich vereint, wörtlich übersetzt heißt es: Er die Götter. So entsteht eine Jakobsleiter vom Einen herab bis zum Steine, eines der Zwischenglieder ist der Mensch, und wie es vom Menschen zum Steine unendliche Abstufungen gibt, so gibt es deren auch vom Einen zum Menschen. Die christliche Mystik gibt ihnen Namen, die Neuplatoniker gaben ihnen andere. Christlich heißen sie: Cherubim, Seraphim, Throne, Regierer, Fürstlichkeiten, Erzengel und Engel. Jamblichus, der Neuplatoniker nennt sie Götter, Daimonen oder Geister, Erzengel, Engel, Archonten, Heroen, reine Seelen. Doch wie man sie auch nenne und klassifiziere, der Okkultist erkennt an, dass zwischen der menschlichen Seele und dem höheren Begriffe es wenigstens sieben Abstufungen gäbe, wie zwischen der Menschenseele und der Seele des Steins es auch viele Abstufungen gibt, das heißt, dass zwischen dem höchsten Bewusstsein und dem für uns als Nicht bewussten erscheinenden, in der gröbsten Materie es ein allmählich Absteigen und nach dem Abstieg ein Aufsteigen gibt. Darauf gründet sich die Idee der Evolution, welche das ganze Weltall durchzieht. So viel vom okkulten Gottesbegriff.

Aus diesen allgemeinen großen Linien greift sich nun jedermann, ob Okkultist oder Christ, das heraus, was seinem Wesen am meisten zusagt, und bildet sich seinen persönlichen Gott. Und jeder tut Recht daran. Der Glaube an ein Ideal erhebt den Menschen, die Gottheit ist ein Ideal; er stellt es so hoch oder so niedrig, als seine Vernunft es zulässt, doch immer um eine Stufe höher als sich selbst, obgleich so ähnlich wie möglich seinem eigenen Wesen.

In der vorhergehenden Zuschrift setzte ich den Gottesbegriff, wie er uns in der Geheimlehre gegeben ist, auseinander und überging mit Stillschweigen, ohne sie zu vergleichen und zu kritisieren, die Gottesbegriffe, wie sie die verschiedenen Philosophen und Dogmatiker aufgestellt haben, weil ich nicht allein der Meinung bin, dass jeder Philosoph immer nur seine eigene Vorstellung der Gottheit gibt und seine Schüler ihm nachbeten, ohne zu merken, dass in ihrem Geiste die Vorstellung eine andere Färbung annimmt. Hegel sagte am Ende seiner Universitätslaufbahn: „Von meinen Zuhörern hat mich nur einer verstanden, und dieser eine auch hat mich nicht verstanden."

Ich glaube, Hegel hatte vollständig Recht. Wenn ich Hegel lese, so scheint es mir, er bemühe sich ungemein, das in Worte zu fassen, was wir den Gottesbegriff der Geheimlehre nennen können, aber es gelingt ihm so wenig, dass man seine Lehre für flachen, einfachen Pantheismus ansieht. Nun fragt es sich aber, ob ich nicht gleich dem einen Schüler, von dem er redet, ihn begreife und doch nicht begreife. Da wir gerade von Hegel reden, wollen wir gleich mit dem Pantheismus beginnen, der von den Gläubigen an einen persönlichen Gott so sehr verpönt und verspottet wird. Der krasse Pantheismus nähert sich sehr dem Materialismus, dieser letztere erklärt die Materie als unbewusst tätig. Weshalb und wodurch angetrieben, darauf bleibt er die Antwort schuldig. Diese Antwort sucht der Pantheismus darin zu finden, dass die ganze Materie von der Gottheit belebt und angetrieben wird. Ein ganz richtiger Satz, der aber nur darin zu kurz kommt, dass diese Gottheit so an die Materie gebunden ist, dass sie wiederum zum unbewussten Handeln herabgedrückt wird. Für den Pantheisten ist Gott überall, in jedem Dinge, ohne diese aber wäre kein Gott.

Der Pankosmismus geht einen Schritt weiter und lässt alles von der Gottheit durchflutet sein, er sieht die Gottheit in allem, ohne jedoch dieselbe direkt mit der Materie zu verbinden, und kommt darin der Geheimlehre näher. Theismus wird gewöhnlich angewendet, um ein Gefühl zu bezeichnen, das eine Gottheit annimmt, die über dem Weltall steht und es von außen her regiert. Deismus ist das lateinische Wort für denselben Begriff, man verbindet aber mit diesem Ausdrucke noch die Idee eines geistigen Wesens, einer Persönlichkeit, der man allerlei Eigenschaften beilegt, während Theismus mehr nur eine Existenz annimmt, die gerade nicht eine Persönlichkeit zu sein braucht.

Dieses sind die vier hauptsächlichsten Gottesbegriffe bei den Philosophen. Der Fragesteller setzt noch Emanismus und Evolutionismus hinzu; das sind aber nicht Begriffe, die sich auf die Gottheit selbst, sondern auf deren Tätigkeit im Kosmos beziehen. Die Emanation erfordert logisch die

Evolution, beide sind also innig verbunden. Emanation heißt auf deutsch Ausströmung und setzt voraus, dass alles Bestehende aus dem Wesen Gottes ausströmt, was gewiss richtig ist. Auf welche Weise dieses geschieht, vermag niemand zu erklären. Ein hübsches Symbol dafür findet sich in der indischen Lehre, es heißt daselbst: Viele tausend Feuer werden durch eine einzige Flamme entzündet, erhalten ihr eigenes Flämmchen, ohne dass doch die Ur flamme dadurch im geringsten vermindert wurde.

Ist aber alles aus der Gottheit ausgeströmt, so muss es danach trachten, „vollkommen zu werden wie der Vater im Himmel", und dazu dient die Evolution oder allmähliche Vervollkommnung der ganzen Schöpfung bis zur Rückkehr zu ihrem Ausgangspunkte.

Um in aller Kürze noch andere Gesichtspunkte zu berühren, die uns der Fragesteller zur Beantwortung vorlegt, sei noch die Immanenz und Transzendenz erwähnt, zwei lateinische Ausdrücke, von denen der erste sich eng an den Begriff des Pantheismus und der zweite an den Deismus anschließt. Immanenz heißt eine Verbindung der Gottheit mit dem Weltall, ein Eindringen in dasselbe.

Transzendenz bedeutet, dass die Gottheit sich über und außerhalb seiner Schöpfung befindet und sie von oben herab regiert. Persönlichkeit und Un-bewusstheit sind zwei sich widersprechende Eigenschaften der Gottheit, ein persönlicher Gott ist sich selbst bewusst, und sobald er unbewusst ist, kann man ihn füglich mit der Materie identifizieren. Der Begriff Persönlichkeit ist eng mit Transzendenz und Deismus verschwägert, er setzt einen Gott voraus, der über der Natur steht. Un-bewusstheit der Gottheit ist ein Begriff, der zwischen Materialismus und Pantheismus in der Mitte liegt. Der Materialist lässt die Materie selbst unbewusst wirken, der Pantheist nimmt eine immanente Gottheit an, die zwar nicht unbewusst aber gezwungen tätig ist. Wodurch gezwungen? Darauf antwortet der Okkultist, der, wie ich vorher im ersten Aufsatz sagte, Absolutist ist: Gezwungen durch das eigene, von ihm selbst ausgehende Gesetz.

Aus dieser kurzen Übersicht geht klar hervor, wie in all diesen verschiedenen Begriffen ein Fünkchen Wahrheit enthalten ist. Wie ich schon erwähnte, werden alle diese Systeme durch die indische Weisheit in eins verbunden. Da haben wir ganz zuerst den Begriff des Absoluten (Absolutismus). Dann kommt die Emanationstheorie (Emanationismus und Pantheismus), Pankosmismus (Immanenz), darauf die Evolutionstheorie, die wieder zurückführt zu einer Gottheit außerhalb der Schöpfung (Theismus, Transzendenz), so dass diese Weisheit in jedem Grashalme den göttlichen Funken sieht, der ihn belebt, ja in jedem Steine, und zugleich eine Gottheit anerkennt, die weit über der Schöpfung und jeder Persönlichkeit steht.

Aus dieser Weisheit mag dann ein Jeder so viel schöpfen als seinem Denken zusagt, denn beim Menschen kommt es weniger darauf an, was er glaubt, als wie er glaubt. Nur der ist wahrhaft fromm, der ein Ideal behält und es zu erreichen strebt, mag er es nun Wischnu, Christus, Buddha, Hermes oder sonst wie nennen.

7. Exotische Rituale
Der Student

Beschwörung eines „Pontianak" (weiblichen Vampirs)

Das folgende Ritual entstammt eigentlich der malaiischen Magie . . . Dieses Ritual ist von besonderem Wert für den Hermetiker, da sich darin ein sehr wichtiger Hinweis versteckt! In Buch „Frabato" hatte Meister Arion einen Geschäftsmann als Freund, der (entgegen des Rates des Meisters) eine „Udine" zur Frau nahm. Mit diesem Ritual ist es möglich sich eine Vampirfrau „gefügig" zu machen, und danach auch zu ehelichen. Das bedeutet jedoch nicht, dass man dies auch tun sollte! Auch ist die Methode zu ungenau, als dass man damit Erfolg hätte.

Das Ritual geht wie folgt: Erst muss man durch spezielle Methoden (Hellsichtigkeit, e.t.c) herausfinden wo sich eine „Pontianak" aufhält. Danach muss man die Stelle mit grobem Salz einkreisen, also wenn sich der „Pontianak" z. B. auf einem Baum befindet, den Baum mit groben Salz „umkreisen". Danach rezitiert man folgendes Mantra:
„Jembalang, jembali, daun lalang gulong-gulong, datang engkau ke mari, Ku tetak dengan parang gudong". (Das Mantra ist aus Sicherheitsgründen unvollständig!).

Nachdem man dies getan hat, sammelt man ein paar Kräuter bzw. Unkraut, welches in der Nähe wächst. Damit soll man den Zorn des „Pontianak" angeblich etwas eindämmen können. Anschließend geht man mit dem gesammelten Unkraut nach Hause. Dort angekommen rezitiert man nachstehendes Mantra: „Pontianak mati beranak, Mati ditimpa tanah tambah, Krat buluh panjang pandak, Kan pelemang hati jin puntianak, Dengan berkat Lailahaillallah." (Mantra aus Sicherheitsgründen NICHT vollständig!) Der „Pontianak" wird in wenigen Tagen beim „Beschwörer" auftauchen. Das Wesen wird nur dreimal an die Türe klopfen, nicht öfter. Wenn das passiert, dann muss man das Wesen begrüßen und ihr erlauben, den Altar (falls man einen hat) zu betreten. Bei Anzeichen einer Zähmung nimmt man einen ca. 10 cm langen Eisennagel und sticht diesen in den Nabel des Wesens. Der „Vampir" wird sich daraufhin in eine sehr schöne Frau verwandeln. Wenn man diese Frau heiratet, wird sie tun was man ihr sagt. Jedoch nur, solange der Eisennagel an seiner Stelle ist.

Das Interessante daran ist, das es analoge Rituale bei der Beschwörung von Nixen gibt. Ariane erzählte mir, dass solch ein Ritual mit Salz und Wasser von manch einem Zauberer durchgeführt wurde, um sexuelles Vergnügen durch die Herbeirufung eines wunderschönen Wasserwesens zu erlangen.

Doch: „Vorsicht ist die Mutter der Porzellankiste!"

8. Das Erlebnis der Mitte
Ein Weg der Sammlung durch Atem und Bewegung
Gertrud Litze

„Und ob alles im ständigen Wechsel kreist,
es beharret im Wechsel ein ruhiger Geist."

Schiller.

Die Kunst des Tänzers spiegelt mit ihrer ständig wechselnden Vielfalt der Bewegungen das große, allumfassende Spiel des Lebens wieder. Mit dem wandlungsfähigen Instrument seines Körpers gibt er den vielgestaltigen Formen des Lebens Ausdruck und Deutung und bringt im Bereich des Raumes, dessen Mittelpunkt er ist, Leib-seelische Kräfte zum Mitschwingen. Ein schöpferisches Geschehen zwischen der äußeren und der inneren Welt. Aus der schaffenden Mitte heraus lebt der Künstler, aus der schaffenden Mitte heraus müssen auch wir zu leben versuchen.

„Rhythmus hat etwas Zauberisches, es macht uns glauben, das Erhabene gehöre uns an", sagte Goethe zu Eckermann.

Wir kennen es alle, dieses Hingerissensein durch den Schwung der Bewegung, diese Selbstvergessenheit im kreisenden Raum, dessen beglückter Mittelpunkt wir sind. In den kurzen Augenblicken des Sich-Verlierens an den Schwung um die eigene Achse durch die Kraft der nach außen kreisenden Spirale, spüren wir, wie rhythmische Schwingungsgesetze uns erfassen, die weiteren Räumen entstammen. Dem gleichen Gesetz gehorcht die nach innen schwingende Spirale. Und aus den Wellen des rhythmischen Ablaufs, aus dem kreisenden Wirbel der Bewegung, entsteht immer wieder die Nach-innenwendung zur Ruhe. Im Mitschwingen miteinander, doch im Mittelpunkt zu ruhen, vom Ganzen bewegt zu werden und doch in seiner ruhigen Mitte zu verharren, ist Meisterung von Spannungen, die im Leiblichen und ebenso im Geistigen verborgen liegen.

Schiller hat uns in dem Gedicht „Der Tanz" ein Bild davon gegeben:

„Siehe, wie schwebenden Schritts im Wellenschwung
sich die Paare drehen!"
Und aus dem Bild des wogenden Tanzes
geht er in ein höheres Bild über:

„Ewig zerstört, es erzeugt sich ewig die Schöpfung,
und ein stilles Gesetz lenkt der Verwandlungen Spiel.
Sprich, wie geschieht's, dass rastlos erneut die Bildungen schwanken
und die Ruhe besteht in der bewegten Gestalt?"
Am Schluss findet er dann die Antwort:
„Willst du es wissen?
Das du im Spiele doch ehrest, fliehst du im Handeln,
– das MASS."

Im Tun, im Handeln nur, können wir das Maß finden und das Gesetz erkennen, welches uns zur richtigen und harmonischen Seinsform hinführt. Das freie Spiel der Aktivität kann nur auf dem festen Fundament der Ruhe vor sich gehen, dessen wichtigster Baustoff – die Stille ist.

Der heutige Mensch hungert nach Ruhe und Stille und dürstet doch zugleich nach der rastlosen Betriebsamkeit eines tätigen Lebens. Er kann das wahre Maß nicht finden, und Entmutigung und Erschöpfung sind das Zeichen dafür, dass das Gleichgewicht der Kräfte ins Wanken geraten ist. Er kann der inneren Stille nicht mehr standhalten, sie beängstigt ihn und ist ihm zu eintönig. Und doch kennzeichnet unsere Zeit ein verzweifeltes Suchen nach dieser inneren Stille. Es ist wie ein Suchen nach etwas, das man im äußeren Getriebensein verloren hat, und der Weg dahin ist verborgen.

Wir haben es verlernt, mit uns selber allein zu sein. Ja, wir fürchten uns sogar davor. Wir suchen viel lieber Zerstreuung statt Sammlung. In seinem Buch: „Der Mensch, das unbekannte Wesen", fragt Alexis Carrel:

„Wo sollen die Bewohner einer modernen Großstadt Einsamkeit finden?", und er antwortet mit Marc Aurel, dem Philosophen unter den römischen Imperatoren:

„Du kannst dich in dich selber zurückziehen! Keine Zurückgezogenheit ist friedlicher und ungestörter, als die ein Mensch in seiner eigenen Seele finden kann".

Hier ist der Osten uns in seiner jahrtausendealten Entwicklung voraus gegangen (?). Er kennt diesen Weg des „Zurücknehmens" genau. Auch dort entstand er aus Selbstschutz und tiefer Erkenntnis. Warum sollten wir nicht von ihm lernen, wo wir doch schon so Vieles im Laufe unserer Geschichte von ihm gelernt und erhalten haben? Der Weg des Ostens ist der Weg der Übung und er heißt – Yoga.

Die Arbeitsweisen östlicher Körper-, (Seelen-,) und Geistesdisziplin beginnen jetzt überall in der westlichen Welt ein wachsendes Interesse wachzurufen. Wir können getrost mit Ehrfurcht an die reinen Quellen zurückgehen, um Anregungen daraus für uns zu schöpfen, doch dürfen wir niemals blinde Nachahmer sein, sondern müssen eigene, neue Wege praktischer Körper- und Seelendisziplin gehen, die unserer Abend-ländischen Wesensart mehr entsprechen.

Nicht Unterdrückung und Abtötung körperlicher Funktionen, wie sie ja auch die mittelalterliche Askese vorschreibt, sollen dem heutigen Menschen als Mittel dienen, sein inneres Gleichgewicht aufrecht zu erhalten. Nicht Weltentsagung und Einsiedlertum, sondern ein besseres Eindringen in die Vielgestaltigkeit des Lebens, ein vertieftes Erkennen der großen Gesetze die über uns walten. Kein Abseitsstehen und sich Abschließen, sondern ein tief innerliches Ergriffen werden vom Rhythmus alles Lebendigen. Das Bestehen von Lebensprüfungen und ein Verzichten können als Ausdruck einer höheren Geisteshaltung sind ganz besonders für uns Großstadtmenschen notwendig.

Wohl sind die Anschauungen einer sehr weit zurückliegenden Zeit und eines ganz anders gearteten Volkes sehr verschieden von den unseren. Im alten Indien wurde die Ausübung der Yogapraxis geheim gehalten und durch Generationen hindurch nur durch den Lehrer, – Guru, dem einzelnen Schüler weitergegeben. Diese alte Überlieferungsmethodik führte zu Missverständnissen und Mystizismus für uns und gefährdete die wahre Bedeutung und wissenschaftlichen Verdienste des Yoga. Deshalb herrschen darüber **so viele unklare und verworrene Begriffe.** Wir sollten den großen Fehler unserer schnelllebigen Zeit vermeiden, über allem Fortschritt das Vorangegangene zu vergessen, und sollten aber doch bei aller Ehrfurcht vor den uralten Überlieferungen aus den alten Quellen nur das hinübernehmen, was sie für uns an unabänderlicher Gültigkeit bewahrt haben.

Die Mahnung des großen holländischen Kulturhistorikers Johannes Huizinga nimmt in diesem Sinne für uns eine besondere Bedeutung an. Noch kurz vor seinem 1945 erfolgten Tode erhob er sehr eindringlich seine Stimme und sagte uns: „Für die geistige Klärung, deren die Zeit bedarf, wird eine neue Askese nötig sein. Aber diese Askese wird nicht Weltverleugnung um des himmlischen Heils willen sein, sondern Selbstbeherrschung und gemäßigte Schätzung von Kraft und Genuss. Die neue Askese wird eine Hingabe sein müssen, Hingabe an das, was als das Höchste zu denken ist."

Wirkliche Kunst, und besonders Musik, gibt uns in seltenen Stunden

Entspannung und Befreiung, und führt uns hinweg in eine schönere und erhöhte Wirklichkeit, in einen glücklichen und losgelösten Zustand. Wir vergessen unser enges, ich gebundenes Selbst und fühlen, wie Kraftströme eines höheren Lebens uns durchpulsen. In solchen seltenen Anrufen durch die Kunst, denen sich unser Gemüt bereitwillig öffnet, erleben wir in der unbewussten Bereitschaft sich hinzugeben, das beglückende Geheimnis des Sich-selbst-vergessen-Dürfens.

Doch nicht immer gibt es solche Feierstunden, die wir inspirierten Künstlern verdanken. Wir müssen selber einen Weg finden, um diese gelöste und horchende innere Ruhe zu erwerben, die den Künstler befähigt, über sein eigenes Ich hinauszuwachsen und mit schöpferischen Kraftströmen in Verbindung zu treten, die höheren Ursprungs sind. In uns verborgen sind Energiequellen, aus denen wir selber schöpfen können, um ohne Mittler zum zentralen Erlebnis der Ruhe und Ich-vergessenheit zu gelangen.

Das Geheimnis der Harmonie liegt im sinnvollen Wechsel zwischen Spannung (aktiv) und Ruhe (passiv), zwischen Außen und Innen. Wenn dieses Verhältnis einmal gründlich aus dem Gleichgewicht geraten ist, (womit auch der jetzt so oft erwähnte „Verlust der Mitte" zusammenhängt), so gibt es keinen anderen Weg die verlorene Ordnung wieder herzustellen, als den Weg der bewussten Wiederanpassung an die harmonischen Kräfte durch „übendes Bemühen". Der Weg der Ordnung in uns selber ist der Weg der Übung. Denn nur durch Tun kann die Erneuerung der lebendigen Mitte wiedergewonnen werden – niemals durch Theorie.

Das Lehrprinzip der geduldigen Wiederholung, wie es der Osten anwendet, ist etwas, das der heutige Mensch des Westens nicht mehr versteht. Sein ewig unruhiger Intellekt springt von einem Punkt zum anderen, und er merkt es nicht, dass er bei dieser zerstreuenden Art seiner Gedanken rastlos und unsicher wird. Er verliert die Fähigkeit, seinen Geist im Zaum zu halten, und die Wohltat innerer Ruhe und Gelassenheit bleibt ihm versagt. Nur wenn wir wieder lernen uns in bestimmten günstigen Augenblicken „zurückzunehmen" aus den Einflüssen unserer ruhelosen Umwelt und die Stille zu üben in der richtigen Form, werden wir besser mit unserem schweren Alltag fertig werden. Es wird eine gewisse Stetigkeit der Wiederholung dazu nötig sein, bis dann allmählich eine selbsttätig einsetzende Hilfeleistung aus unseren eigenen Energiequellen entsteht.

Wie sieht nun dieser Übungsweg aus und auf welche Art kommt man zu diesem Erlebnis der inneren Stille?

Man weiß heute, dass Wechselwirkungen zwischen Körper und Psyche sich über das vegetative Nervensystem vollziehen und dass unserem Atem dabei eine nicht unbedeutende Rolle als Hebel zwischen körperlichen und seelischen Bereichen zukommt. Ebenso steht unsere Atmung in einem Bezug zu unseren Gedanken. Gesammelte Betrachtung lässt den Atem ruhig und gleichmäßig schwingen und ein von erregten Gedankenwellen beunruhigtes Gemüt ruft eine unregelmäßige, kurze und flache Atmung hervor.

Wie der feine Bogenstrich auf einer edlen Geige, so lässt auch der Atem Vieles aufklingen, das im Instrument unseres Körpers seinen Widerhall findet und in Schwingung gerät. Wir beginnen anders auf ihn zu lauschen und gewinnen einen neuen Abstand zu uns selber. Wir nehmen mit unserem behutsam gelenkten Atem einen Zügel in die Hand, der uns wie an einem Seidenfaden zum Erlebnis unserer Leib-seelischen Mitte hinführt.

Wie wenige achten auf diesen großen Strom des Lebens, wie wenige atmen richtig! In einem alten Sanskrit wird die Frage gestellt: „Was ist Leben?"
Und die Antwort lautet:
„Leben ist das Intervall zwischen einem Atemzug und dem anderen. Wer halb atmet – lebt nur halb. Wer aber die Kunst des Atems meistert, gewinnt Herrschaft über sein Ich."

Durch allmähliche Verfeinerung und Steigerung der Atemvorgänge wächst eine nach innen gerichtete Aufmerksamkeit. Dadurch gewöhnen wir unser Bewusstsein, sich auf einen zentralen Punkt zu sammeln. Es entsteht ein zunehmendes inneres Gefestigt sein, ein Zustand innerer Ruhe und Gelassenheit, den wir so dringend brauchen. Im Innenraum unserer seelischen Bezirke vollzieht sich ein Wandlungsprozess und der Schwerpunkt des Geschehens wird immer mehr von der Peripherie ins Zentrum verlegt, bis beinah mühelos ein Grad der Auflockerung und Durchlässigkeit erreicht wird und es uns gelingt zum Ich-lösenden Erlebnis unserer ausgewogenen Mitte zu kommen.

> *„Eins muss er wieder können: – Fallen, geduldig in*
> *der Schwere ruh'n,*
> *der sich vermaß den Vögeln allen*
> *im Fliegen es zuvor zu tun . . . "*

heißt es in Rilke's „Stundenbuch". In seinen inspirierten Versen macht er es uns deutlich, wie sehr es der Mensch in unserer Zeit des Düsenjägers nötig

hat, einmal geduldig verharren zu können in der Tiefe einer Hingabe.
„Einer Hingabe an das, was als das Höchste zu denken ist."
Wenn im beharrlichen übenden Bemühen das Gesetz der wechselseitig
nach außen- und innen schwingenden Spirale erkannt und erlebt wurde,
welche unseren eigenen Mittelpunkt umkreist, spüren wir vielleicht eines
Tages noch eine andere Schwingungsrichtung freigewordener seelischer
Energie, – ein Kreisen um den universellen Mittelpunkt, welches sich im
Unendlichen vollzieht.

„Der Reigen lässt Sonnen kreisen und die Locken der Engel weh'n.
Ich werde im Reigen der Sphären Gott in die Augen seh'n."

RUMI — der Sufi.

9. Tipps zur zeremoniellen Erreichung
der Gottverbundenheit

–   bilde Dir einen Schrein/ Altar
–   verehre ein Bild/Statue
–   mache Opfergaben z. B. Blumen (bleib Deiner Intuition überlassen)
–   besprenge das Bild, die Blumen, die Statue mit Wasser usw.
–   vollführe einmal tgl. die Zeremonie zur gleichen Zeit usw. durch
–   nutze Musik, Tanz usw. dazu
–   vollführe einen geeigneten Lebenswandel in allen drei Ebenen
–   weihe Dein Leben der Gottheit
–   zum Meditieren: Bilder der Eigenschaften gemäß werfen
–   Gefühle der Eigenschaften gemäß werfen
–   Töne der Eigenschaften gemäß werfen
–   habe Demut vor Deiner Gottheit
–   Gebete, Mantrams oder Gesänge erleichtern die Verbindung z. B. „Näher mein Gott zu Dir"
–   nach aktiver Anrufung passiver verharrender Zustand, um Deine Gottheit „anzusaugen"
–   sich als Gottheit vorstellen
–   Atemübung – siehe Aufsatz vom Lomer in einer späteren Ausgabe dieser Zeitschrift
–   sein Leben der Gottheit vortragen und Nachleben z. B. Kleidung und Aussehen nachahmen usw.
–   seelische Opfer geben z. B. gute Taten der Gottheit selbstlos schenken usw.
–   betrachte alle Menschen als Bildnis deiner Gottheit und handle danach

Mehr Tipps und Informationen findet man in dem Buch „In Verbindung mit der Gottheit".

10. Ein Hinweis aus der geistigen Welt
Von einem Freund

In einem Brief von einem Freund berichtete er mir über seine gefährlichen Erfahrungen mit „Kundalini-Reiki". Ich kannte diese Reiki-Form nicht und so gab er mir darüber Aufschluss:

„Man beginnt bei der (Selbst-) Behandlung mit Reiki normalerweise am Kopf, und arbeitet sich Haupt-Chakra für Haupt-Chakra, von oben nach unten vor, bis in die Füße, aber auch die Rückseite des Körpers wird berücksichtigt. Beim Kundalini-Reiki reicht es laut Verfahrensanweisung auch schon, die Hände auf die Schultern zu legen. Die Energie würde sich von alleine verteilen (?).

Im Kundalini-Yoga dagegen beginnt der zeitaufwendige und nicht grade ungefährliche Aufstieg der Kundalini-Energie im Wurzel-Chakra über die sieben Hauptenergiezentren bis einschließlich Scheitel-Chakra – sofern man allerdings die „Innere Schlange" – die göttlichen Eigenschaften – zu wecken imstande war. Dieses Verfahren ist selbstverständlich mühsam und erfolgt nicht von heute auf morgen. Doch nun zurück zu Kundalini-Reiki: Ich dachte damals, wenn diese Art von Reiki schon etwas mit Kundalini zu tun haben soll, dann werde ich ebenfalls unten anfangen. So legte ich mir oft nach einer obligatorischen Kurzeinstimmung die Hände einige Minuten auf das Wurzel-Chakra und „kämpfte" mich weiter nach oben, um auch die übrigen Chakren günstig zu beeinflussen. Wenn ich jedoch mehr Zeit zur Verfügung hatte, so setzte ich die ganze Prozedur auch schon mal ganz unten in Gang – in den Fuß-Chakren.

Wie auch immer, ich bekam aus bestimmten Gründen irgendwann später eine Retourkutsche. Es sind schon so einige Jahre her und in dieser Zeit wusste ich noch nichts von den gefährlichen Buchstaben-Übungen Kernings, die man in die Fußsohlen murmeln musste. Zwar kann man diese Art von geistigen Training praktizieren, es ist jedoch hierfür ein magisches Gleichgewicht nötig. Ich tat beides verkehrt, d. h. ich versuchte die Kundalini-Energie in mir zu wecken, und zwar ohne ein magisches Gleichgewicht. Was das bedeutet, weiß jeder, der die Schriften von Franz Bardon zumindest theoretisch studiert hat. Ich begann zudem nicht selten in den Füßen zu buchstabieren. Auf jeden Fall machten mich diese Übungen geistig wirr und ich wurde extrem vergesslich. Dies fiel sogar meinem

Umfeld auf, was insbesondere auf der Arbeitsstelle ziemlich unangenehm war. Aufgrund dieser Erfahrung habe ich jedenfalls mit der „Kundalini-Arbeit" erst mal aufgehört.

Speziell zu diesem Thema gibt es weiter unten noch weitere wichtige Ergänzungen.

Dann gab es noch eine außergewöhnliche Erfahrung mit „Usui-Reiki", wenn auch einer ganz anderen Art. Nun zum Eigentlichen: Anfang des Jahres 2007 bekam ich meine erste Einweihung in Usui-Reiki. Später, d. h. bis Ende 2008, folgten weitere Grade in diesem Reiki-System (bis zum höchsten 3. Grad), aber auch Einweihungen in Kundalini-Reiki etc. Heutzutage bin ich nicht mehr so dermaßen aktiv, was Reiki betrifft. Zum Thema Reiki ließe sich sowieso noch vieles schreiben, positives wie negatives. Doch dazu mehr am Ende des Berichtes.

Nun zu meinem besonderem Ereignis mit Reiki. Es fing damit an, dass ich am Abend davor zum Geburtstag eines Freundes eingeladen war. Wie das natürlich üblicherweise so ist, gab es auf der Feier Bier und andere alkoholische Getränke, wovon ich doch das eine oder andere konsumiert habe. Am nächsten Morgen hatte ich natürlich die Rechnung zu tragen. Als ich aufwachte war mir übel und ich fühlte mich krank. Ich beschloss daraufhin eine Reiki-Anwendung zu machen und legte meine Hände auf den Solar-Plexus. Die Übelkeit verschwand nach ca. 10 bis 15 Minuten, ich ließ allerdings weiterhin die Reiki-Kraft in meinen Solar-Plexus fließen. Eine tiefe Zufriedenheit breitete sich plötzlich in mir aus, die schlussendlich in totaler Glückseligkeit gipfelte . . . So etwas Starkes habe ich bis zum damaligen Zeitpunkt kaum erlebt. Meine Hände (Hand-Chakren) waren völlig heiß und fühlten sich an, als würde über denselben etwas Warmes, Wohltuendes bewegungslos schweben. Vor lauter Freude und Begeisterung flossen mir Tränen des Glücks herunter! Man könnte diesen Zustand mit einer Art spiritueller Ekstase vergleichen. Was mir zusätzlich noch zu Gute kam, war, dass der Zustand ganze drei bis vier Stunden angehalten hat. Dieser endete natürlich nicht abrupt, sondern stufenweise. Für diese Erfahrung sage ich nochmal danke . . .

Dass dies ein Hinweis sein kann, dass im Plexus Solaris Akasha, das „Gotteselement" sei, welches bei magischer Ausgeglichenheit so wunderschöne Gefühle hervorrufen kann, kann ich nach einigem Nachdenken durchaus beipflichten. Eine andere Möglichkeit würde mir im Moment zumindest ehrlich gesagt nicht einfallen. Ich freue mich schon darauf, das Gleichgewicht der 4 Elemente zu erreichen. Denn meine

Erfahrungen treiben mich zur Erreichung dieses Ziels an.

An dieser Stelle möchte ich, der die beiden oben aufgeführten Gegebenheiten erleben durfte, zum Thema Reiki noch einige wichtige Bemerkungen machen, da es zumindest einzelne ungeklärte Fragen zu diesem Sachgebiet gibt.

Zu aller erst: Ich selbst habe mit Reiki, bis auf das oben aufgeführte negative Beispiel des Kundalini-Reiki, keine schlechte Erfahrung gemacht. Was Usui-Reiki betrifft, so wirkte diese Energie stets wohltuend auf mich, auch wenn das erwähnte Beispiel der stundenlangen Glückseligkeit bisher leider nur eine Ausnahme blieb. Ich habe damit auch oft erfolgreich eigene und fremde Schmerzen (Zahn, Kopf) behandeln können. Soweit ich mich erinnern kann, war ich selten erkältet oder krank. Es stimmt wohl auch, dass bei längerer Anwendungsfreier Phase die Energie schwächer wirkt.

Doch zu aller erst: Was bedeutet eigentlich das Wort „Reiki"? Kurz gesagt: Es wurde bis jetzt zumindest üblicherweise in etwa als universelle, göttliche Lebensenergie übersetzt. Diese Energie ist als Heilverfahren für Körper, Geist und Seele bekannt; und zwar in Form von Handauflegen. Am Anfang seiner „Entdeckung" wurde es hauptsächlich gegen physische Krankheiten eingesetzt. Außerdem kann es durchaus die Spiritualität günstig beeinflussen, muss es aber nicht unbedingt . . . Interessant ist, was der bekannte deutsche Magier Seila Orienta (Anion) darüber in seiner Autobiographie geschrieben hat. Er äußerte nämlich, Reiki basiere auf dem elektromagnetischen Fluid. Laut Franz Bardon wiederum ist das Fluid bekanntlich mit Lebenskraft gleichzusetzen. Reiki stützt sich also auf Lebenskraft, hat somit das elektromagnetische Fluid zur Basis. Anregend, derzeit allerdings nicht gerade großartig anerkannt oder weit verbreitet ist die Ansicht von Christian Orth, einem Reiki-Lehrer und inzwischen auch erklärten Skeptiker. Orth behauptet, Reiki sei an einige Geister geknüpft, welche während der Einweihung ein wenig Energie anzapfen, um wiederum bei einer Reiki-Anwendung durch den eingeweihten Schüler eine größere Menge an Reiki frei zu geben. Angeblich gehören diese Geister zu den Vorfahren von dem japanischen Entdecker des Reiki. Jene Bemerkung klingt durchaus anschaulich, aber auch diese These sollte meiner Ansicht nach nicht blind übernommen werden. Wer kann es denn schon wirklich beweisen? Wünschenswert wäre es aber auf jeden Fall, mehr greifbares über die wahren Hintergründe von Reiki zu erfahren.

Das ursprüngliche, so genannte „Usui-Reiki" System geht jedenfalls auf den Gründer Mikao Usui Sensei (1865-1926) zurück. Dieser las zwar auch christliche Schriften, war jedoch kein christlicher Mönch, wie es bis jetzt üblich gelehrt wurde. Des Japaners Einflüsse sind vor allem im Schintoismus und Zen-Buddhismus zu suchen. Als junger Mensch war Usui Sensei ebenfalls im Ausland tätig, um u. a. weiteres Wissen zu sammeln. Ferner interessierte er sich für Medizin, Psychologie, übte Askese etc. Wie der Meister genau Reiki (wieder-) entdeckte, kann der geneigte Leser bei Interesse leicht recherchieren. Ich möchte an dieser Stelle nicht näher auf diesen Punkt eingehen, auch wenn dieser alle Mal wissenswert ist.

Usui Sensei gründete jedenfalls eine Organisation namens „Usui Reiki Ryoho Gakkai", die nach außen allerdings verschlossen blieb, so, dass das Ur-Reiki-System nur wenigen vorbehalten blieb. Als Reiki sein Ursprungsland verließ, wurde es in den U.S.A. „amerikanisiert" und verbreitete sich in seiner vereinfachten Ausprägung von dort weiter. Einige (wichtige) Bestandteile wurden weggelassen, andere hinzugefügt. Dasjenige „Usui-Reiki-System", das uns bekannt ist, hat mit der Zeit von seinem Ursprung leider viel verloren. Um es mit einem Beispiel zu verdeutlichen: Vor ca. 100 Jahren wurden berechtigterweise nur wenige Schüler Reiki-Meister, ja, es gab nicht einmal viele, die den 2. Reiki-Grad hatten. Heutzutage kann man die Einstimmung in den Reiki-Meister, gewisse Zeitabstände einhaltend, gegen Bares für ein Appel und ein Ei bekommen. Dies auch nicht selten bei Ebay oder anderen Internetportalen, von Menschen, die man keinesfalls persönlich kennt. Hinzu kommt noch, es spielt oft keine Rolle, ob der Einzuweihende würdig oder bereit ist. Dazu gibt es ein paar Unterlagen, vielleicht ein Wochenendseminar und das war´s eigentlich. Das heißt, die Einweihung in den zweiten und dritten Grad (3. Grad = Meister) erfolgt nicht zu selten **ohne gewisse Entwicklung** und Unterstützung, dann oft auch durch einen „Guru", der selbst nicht viel weiter entwickelt ist als sein Schüler. Zur Zeit von Mikao Usui Sensei verbrachte ein Schüler sehr viel Zeit mit seinem Meister, wurde ständig von dem selben belehrt und erhielt laufend weitere Einweihungen. Ich selbst erhielt vor einigen Jahren den 3.Grad, würde ehrlicherweise jedoch nicht wagen, mich einen „Meister" zu nennen. Wenn ich das mit der Hermetik vergleiche, ist das ein echter Witz. Viele tappen dadurch leider in eine Falle und werden Opfer von Illusionen, die das eigene Ego betreffen. Wenn auch zum Glück in eher harmloser und unfreiwillig komischer Ausprägung.

Eine Reiki-Einweihung ist übrigens eine energetische Einstimmung auf die Reiki-Energie. Die Veranlagung ist bereits in jedem Menschen vorhanden, heißt es. Man wird lediglich an diese potentielle Fähigkeit erinnert, indem, wie es behauptet wird, ein feinstofflicher Kanal geöffnet wird. Was meine Wenigkeit angeht, so wurde ich in all meinen Einstimmungen von einer einzigen Person eingeweiht. Ich kannte diese aufgrund der vorhandenen weiten Entfernung leider nicht sehr gut. Trotzdem denke ich im Nachhinein, bei ihr zumindest keine schlechte Wahl getroffen zu haben. Es geht nämlich auch anders, und man muss bedenken, Reiki ist eine feinstoffliche Angelegenheit. Was ist beispielsweise mit dem Schutz während einer Einweihung? Insbesondere bei einer Ferneinweihung? Kann ich denn wirklich wissen, ob nicht doch noch andere (d. h. schädliche) Energien auf mich Einfluss nehmen, bzw. mein Energiesystem anzapfen? Oder bei einer Reikisitzung; werde ich unbewusst nicht doch von den verborgenen Begierden, Problemen, Schatten, Schemen, Leidenschaften die in der Lebenskraft sitzen, etc. des Reikiübermittlers beeinflusst? Tatsächlich kommen diese Aspekte der Reiki-Ausbildung eindeutig zu kurz.

Im Übrigen: Es gibt mittlerweile mehrere Hundert(!) verschiedene Reiki-Systeme, die angeblich zahlreichen Persönlichkeiten alle durchs „Channeln" aus der lichtvollen geistigen Welt übermittelt wurden. Diese fein energetischen Konstruktionen tragen vielversprechende Namen wie beispielsweise „Karuna Reiki", „Lightarien-Ki" oder „Shamballa Reiki". Man darf diese Entwicklung durchaus mit großer Skepsis begutachten. Dazu gehört auch „Kundalini-Reiki", von dessen Erfahrung ich weiter oben berichtet habe. Ob ich durch unsachgemäße Herangehensweise oder durch diese Energie selbst die negative Erfahrung gemacht habe, vermag ich momentan jedenfalls nicht genau zu sagen. Ich möchte diese Art von Reiki aus eigener Erfahrung noch etwas mehr ausführen.

Laut den Lehren des Kundalini-Reiki soll sie zumindest auf wirkungsvolle, wenngleich sanfte Weise die im Wurzel-Chakra schlafende „Kundalini-Schlange" zu wecken verstehen. Laut verschiedener Schriften kann Kundalini-Reiki den feinstofflichen Energiekreislauf besser zum Fließen bringen und innere Blockaden auflösen. Angeblich steht diese Kraft unter dem Schutz von Meister Kuthumi (?). Inwiefern die Bezeichnung „Kundalini-Reiki" mit der tatsächlichen Kundalini-Kraft in Verbindung steht, ferner ob nicht doch nur ein wirtschaftliches Kalkül dahinter steckt, das muss glaube ich jeder für sich selbst entscheiden. Im Zeitalter der Flut pseudo-esoterischen Unsinns sind solche Aussagen jedenfalls mit einer gesunden Portion Zweifel zu genießen. Selbst Reiki-Anwender sind sich in der Frage uneinig, bzw. sie wissen es einfach nicht, ob Kundalini-Reiki tatsächlich die Kundalini-Energie, oder doch „nur" das Kundalini-Feuer verkörpert. Hat es überhaupt etwas mit Kundalini zu tun? Übrigens, im dritten Grad des Kundalini-Reiki bekommt der Einzuweihende angeblich automatisch zusätzliche Einweihungen, die nach einigen wenigen Selbstbehandlungen Traumata, negative Veranlagungen etc. beseitigen. Es ist schon lange her, dass ich dem nachging, doch bei mir zumindest hat die Methode versagt. Ich denke daher, harte Arbeit an sich selbst, wie es im „Adepten" beschrieben ist, ist kaum durch etwas anderes zu ersetzen.

Um es auf den Punkt zu bringen: Ich möchte Reiki nicht schlecht machen, doch aufgrund gewisser Vorsichtmaßnahmen im Umgang kann verschiedenen potentiellen Gefahren aus dem Wege gegangen werden. Es wird beispielsweise versucht, auf Kosten von Reiki möglichst viel Kapital herauszuschlagen. In diesem esoterischen Bereich herrscht ebenfalls reichlich Inkompetenz und Verlogenheit. Es scheint ebenso unklar zu sein, was Reiki an sich genau für eine feinstoffliche Energie darstellt.

Falls jemand dennoch nach einer Reiki-Ausbildung Ausschau hält, dem würde ich eher vorschlagen, sich nach Möglichkeit in das japanische „Jikiden-Reiki" einweihen zu lassen. Soviel ich weiß, ist dieses Reiki-System dem von Mikao Usui Sensei am ursprünglichsten. Ich mache an dieser Stelle mit Sicherheit keine kommerzielle Werbung, da ich selbst in diese Lehre nicht eingeweiht wurde und sie nur von der Theorie her kennenlernen durfte. Die richtige Wahl des Lehrmeisters muss ebenfalls einer wohl überlegten Entscheidung nachgehen. Von einer Ferneinweihung würde ich eher abraten, weil dadurch 1. der Einweihungscharakter verlorengeht, 2. sich bei der Einstimmung möglicherweise leichter einige ungünstige Nebenenergie etc. zum Nachteil des Einzuweihenden übertragen werden kann. Obgleich ich mir nicht sicher bin, ob eine Ferneinweihung von irgendeinem Lehrer des „Jikiden-Reiki" überhaupt praktiziert wird.

11. Der dogmatische Hermetiker?

Ich habe bereits in vergangener Zeit auf der Homepage des Hermetischen-Bundes über dieses Thema berichtet und möchte hier nochmals kurz die Gelegenheit ergreifen, die Definition der Dogmatik in Verbindung zur Hermetik einleuchtend zu erklären.

Wir können immer wieder von unerfahrenen Interessenten lesen: „Der Weg von Bardon ist mir zu dogmatisch . . .", oder: „Die dogmatischen Bardon-Anhänger mit ihrem Guru-Wahn." Unglaube, Zweifel sowie die Nicht-Bereitschaft eine Autorität anzuerkennen bzw. ihr Vertrauen zu schenken, stehen in den meisten Fällen hinter diesen Aussagen. Aber auch eine ganz einfache Abneigung gegen seine Lehren, gepaart mit einer rechthaberischen, denunzierenden Ader quellen hier aus dem Sumpf der Unwissenheit geradezu empor. Auf die Thematik des „Guru-Wahns" werde ich nochmals in einem gesonderten Leserbrief eingehen und möchte hier lediglich noch erwähnen, dass jedem nach seinem Glauben geschieht.

Dogmatik

Ich will hierzu sagen, dass jegliche Einweihungssysteme zu allen Zeiten ihre Dogmen besaßen, also unweigerlich Lehrsätze enthielten und somit klaren Regeln, wie Vorschriften folgten oder hättet ihr tatsächlich etwas anderes erwartet? Könnten Disziplin, Ausdauer, Kraft, Glauben und Selbstbeherrschung jemals anders, in so relativ kurzer Zeit verwirklicht werden – NEIN! Umso steiler und höher ein Gipfel ist, umso schwerer ist bekanntlich auch der Aufstieg mit den damit verbundenen Gefahren. Vieles gibt es zu beachten, denn die Magie ist kein Kinderspiel, sie ist immer noch das schwerste Wissen auf Erden wie es Meister Bardon in der 10. Stufe erläutert. Man darf nicht vergessen, dass die universelle Gottverbundenheit das höchste, selbstauferlegte Ziel ist, welches sich ein Mensch auf Erden setzen kann. Natürlich gibt es einfachere oder weniger schmerzvolle Wege, aber keine Abkürzungen, denn alle Wege die einfacher sind, werden auch dementsprechend langsamer sein (z. B. Weg des Schicksals bzw. der Materie), wenn es darum geht den vollkommenen Ausgleich in allen Elementen anzustreben, ansonsten sind sie allesamt einseitig – so ist das Gesetz. Perfektion und Vollkommenheit sind auch in anderen Bereichen des

Lebens wie z. B. den Kampfkünsten, der Schmiedekunst, der Akrobatik und bei diversen Sportarten oder Ausbildungen etc. nicht ohne Schweiß, Herzblut und der ein oder anderen Träne zu haben. Sie bleiben zumeist unerreichte Ideale, die einen dazu anspornen, immer weiter zu lernen und zu üben. Sie dienen uns als Gedächtnisstütze, niemals hochmütig zu werden, da es immer eine Person geben wird, welche weiter in ihrer Entwicklung, wie in ihren Fähigkeiten ist. Ein unausgeglichener Mensch kann in seiner magischen Ausbildung keine Erfolge erzwingen und sollte Dogmen vielmehr als Gebote, anstatt als Verbote betrachten, denn er beschreitet aus freiem Willen diesen absolut asketischen Pfad. Meister Arion schrieb im „Weg zum wahren Adepten" folgendes: „Jedes Dogma dient der geistigen Reife seiner Anhänger." Diese Aussage ist wie immer universell, doch die meisten „wahrhaftigen Dogmen" sind dem Ungekrönten zuweilen gänzlich unbekannt. Das erste und wichtigste wo nach sich der Neophyt richten sollte, ist sein Gewissen. Doch nach welchen Dogmen richtet sich nun die hermetische Wissenschaft von Franz Bardon? Es sind die universalen Gesetzmäßigkeiten von Mikro- und Makrokosmos, denn sie sind eine Widerspiegelung unserer persönlichen Gottheit und bilden die Werkstatt Gottes, nach denen wir unseren Tempel Salomos erbauen. Mit diesen Gesetzen und dem Segen der Vorsehung werden wir später schöpferisch arbeiten und wirken, erst im Kleinen, dann im Großen.

Zu guter Letzt gebe ich hier ein paar sehr bekannte und auch neu definierte Lehrsätze bzw. Lebensregeln verschiedener Autoren an, welche nicht unerheblich sind in der hermetischen Wissenschaft:

- **Seinen Mitmenschen gegenüber sei man stets gütig, freundlich und nachsichtig, dagegen unnachsichtig und hart gegen sich selbst.**
- **Was du nicht willst, dass man dir tut, das füge auch keinem andern zu.**
- **Behandle deine Mitmenschen, andere Lebewesen und die Welt im Allgemeinen mit Liebe, Ehrlichkeit, Zuverlässigkeit und Respekt.**
- **Sieh über Böses nicht hinweg und scheue dich nicht, Gerechtigkeit walten zu lassen, aber sei immer bereit, schlechte Taten zu verzeihen, wenn sie freimütig eingestanden und**

ehrlich bereut werden.

- Meide Drogen und Süchte aller Art.
- Strebe stets danach, Neues zu lernen.
- Stelle alles auf den Prüfstand; miss deine Ideen immer an den Tatsachen und sei bereit, auch lieb gewordene Überzeugungen über Bord zu werfen, wenn sie sich nicht mit der Wirklichkeit vereinbaren lassen.
- Versuche nie, zu zensieren oder dich von Meinungs-Verschiedenheiten abzukapseln; respektiere immer das Recht der anderen, anderer Meinung zu sein als du.
- Jeder Mensch ist ein Stern.
- Bilde dir aufgrund deiner eigenen Vernunft und Erfahrung eine unabhängige Meinung; lass dich nicht blind von anderen führen.
- Glaube immer an deine persönliche Gottheit.
- Würdige Wahrheit – Schönheit – Liebe im Streben nach Harmonie mit dem Unendlichen.
- Diskriminiere und Diskreditiere nicht.
- Respektiere deine Familie.
- Immunisiere dich nicht gegen Kritik! Ehrliche Kritik ist ein Geschenk, das du nicht abweisen solltest.
- Überwinde die Neigung zur Traditionsblindheit, indem du dich gründlich nach allen Seiten hin informierst, bevor du eine Entscheidung triffst – denke universell.
- Erfreue dich an allem Guten, wie Edlen und lerne aus dem Bösen.
- Habe nur eine persönliche Gottheit, über der es keinen Übergott mehr gibt.
- Begehre nicht deines Nächsten Frau oder Mann.
- Liebe ist das Gesetz, jedoch Liebe unter Willen.
- Liebe deinen Nächsten wie dich selbst.
- Lebe im großen JETZT.
- Über- und unterschätze dich nicht.
- Sei dir deiner Sache nicht allzu sicher! Zweifle aber auch am

Zweifel! Selbst wenn unser Wissen stets begrenzt und vorläufig ist, solltest du entschieden für das eintreten, von dem du überzeugt bist. Sei dabei aber jederzeit offen für bessere Argumente, denn nur so wird es dir gelingen, den schmalen Grat jenseits von Dogmatismus und Beliebigkeit zu meistern.

Ex oriente lux

S.+R.

12. Black Metal und der Versuch
einer Interpretation aus der hermetischen Sicht
von Anonymus

Über das angeblich so okkulte bzw. satanische Musikgenre Black Metal und seine kriminellen Begleiterscheinungen, vor allem aus der Phase von Anfang und Mitte der 90er Jahre, wurde in der (Mainstream-) Presse bereits viel (Unsinn) veröffentlicht. Man publizierte eine Zeitlang zahlreiche Berichte über Friedhofsverwüstungen, Vandalismus, Kirchenbrandstiftung, (Selbst-) Morde und ähnliches, welche in der Tat vereinzelt auch aufgetreten sind. Selbst heutzutage taucht gar in der selbsternannten Heavy Metal „Fachpresse" jede Menge allgemeiner Schwachsinn zum Thema Black Metal auf. Kaum einer machte sich jedoch Mühe die Sache vom okkulten Standpunkt aus zu beleuchten. Statt dessen wurden all diese strafbaren Akte automatisch mit „Satanismus" gleichgesetzt, was allerdings nur begrenzt den Tatsachen entspricht.

In den meisten Fällen dürfte es sich lediglich um eine Art rebellisch-blasphemischen Protest von Jugendlichen/jungen Erwachsenen gehandelt haben. Hass, Wut und Schwermut dürften vereinzelt des Weiteren eine Rolle gespielt haben. Auch ging es dabei um Abgrenzung und ein Dazugehörigkeitsgefühl; die Empfindung, einer elitären Fraktion anzugehören. Irgendwie nachvollziehbar, auch wenn die erwähnten Taten nicht unbedingt den richtigen Weg darstellen. Man bedenke jedoch, in welcher verblödeten, verlogenen, ignoranten, korrupten und kaputten Gesellschaft wir doch leben. Die (damals noch) jugendlichen Täter entstammten keinen (a)sozialen Randgruppen, sondern vom Elternhaus her in vielen Fällen der gehobenen Mittelschicht. Doch es geht in diesem Artikel selbstverständlich nicht darum, solche Taten zu verharmlosen, zu verherrlichen oder gut zu heißen.

Was insbesondere den okkulten und satanischen Sektor betrifft, so gab und gibt es auch Ernsthafteres im Black Metal. Nun, eine hermetische Sicht der Dinge wurde meines Wissens nach bis zum heutigen Zeitpunkt nicht veröffentlicht, zumindest nicht im deutschsprachigen Raum. Das veranlasste mich dazu, wenigstens einen kleinen Versuch in dieser Richtung, anhand von wenigen Beispielen, zu starten.

Um jedoch einen passenden Einstig in die Materie zu bieten und auch denjenigen Lesern, die überhaupt nicht wissen worum es geht, einen groben

Einblick von dem zu gewähren, was das Phänomen „Black Metal" eigentlich ausmacht, möchte ich erst etwas weiter ausholen. Und zwar müssen wir uns diesbezüglich zuerst zum Anfang der 80er Jahre des vergangenen Jahrhundert zurückversetzen lassen. An diesem Punkt begann nämlich die Geschichte dessen, was heutzutage unter dem Sammelbegriff „Black Metal" bekannt ist.

Eine Band aus Großbritannien namens VENOM war damals das Wildeste, was es Anfang der 80er im Bereich der extremen Musikart gab. Ihre Mischung aus aggressiven Punkrock und der Härte des Heavy Metal vermischten das Trio mit „satanischen" Image. Zwar waren ihre Texte pure Provokation, bzw. kaum in irgendeiner Weise seriös, und ihre Musik klang im Vergleich zu heutigen Interpreten aus dem Bereich fast schon wie nette Balladen, doch viele der heutigen Bands zählen VENOM trotzdem zu ihren Einflüssen. Sei es auch nur deswegen, weil das zweite Album der Briten schlicht und einfach „Black Metal" hieß. Einige Jahre später erschienen weitere Bands auf der Oberfläche, die für damalige Zeit noch rücksichtsloser klangen. Es handelte sich hierbei um HELLHAMMER aus der Schweiz und die schwedische Gruppe BATHORY. Mit ihren Auftreten, obskuren Photos, Plattencovern etc. baute sich langsam eine dunkle, okkulte Aura auf.

Doch was uns in diesem Artikel hauptsächlich beschäftigen soll, nahm ihren Anfang erst in den frühen 90er Jahre in Norwegen, mit dem Aufkommen der so genannten zweiten „Black Metal Welle". Es folgten Kirchenbrandstiftungen, Morde und weitere kriminelle Handlungen, später auch in anderen Teilen Europas. Des Weiteren erfuhr die Musik eine Veränderung. Diese wurde mehr dämonischer, brutaler und finsterer. Meist paarte sich ein wilder und infernalischer Krächz- oder Kreischgesang mit eiskalten, hypnotischen E-Gitarren und (rasenden) Schlagzeugklang, je nach Band auch mit oder ohne Keyboardeinsatz. Zwecks Abgrenzung zu normalen Metal-Fans und Musikern bevorzugte man des öfteren einen schlechten und anti kommerziellen Aufnahmeklang, was gleichzeitig eine Portion archetypische Dunkelheit extra bot. Musiker und Black Metal Anhänger befanden sich unter seines gleichen im abgeriegelten Untergrund, es war damals auch nicht leicht an Black Metal Tonträger oder Informationen heranzukommen. Neue Platten, Demo-Kassetten und vergleichbares wurden meist nur in kopierten Szeneheften rezensiert. Diese so genannten Fanzines wurden lediglich in geringen Mengen (ca. 50 bis 300 Stück) kopiert und zu erwerben gab es diese einzig über Flugblätter, die zusammen mit Korrespondenz zwischen Gleichgesinnten in Briefen verteilt wurden. Auch kleinste, unkommerzielle Distributionen vertrieben Fanzines und Black Metal Musik. Bevor die Musikindustrie merkte, dass mit diesem wilden und finsteren Klang jede Menge Kohle zu machen ist, wollte man mit Black Metal erst mal nichts zu tun haben. Ja, selbst viele Heavy Metal Händler und bekannte Szenenmagazine boykottierten zahlreiche Black Metal Musikgruppen! Im Gegensatz dazu ist anno 2013 Black Metal schon lange nichts mehr als ein weiterer gewöhnlicher und angepasster Teil nicht nur der allgemeinen Musikszene, sondern ebenso des Establishments, worauf wir am Ende dieses Artikels etwas ausführlicher zu sprechen kommen.

Freilich gibt es allerdings immer noch Bands, die sich absichtlich vom Rest der Musikzirkus abgrenzen. Einige verfolgen auch tatsächlich eine seriös-okkulte Linie. Grundsätzlich muss gesagt werden, es existieren mittlerweile unzählige Mischformen an Black Metal, was übrigens sowohl mit der ideologisch-spirituellen wie musikalischen Ausrichtung zusammenhängt. Den ersten Aspekt betreffend, könnte dieser in drei grobe Kategorien unterteilen werden. Und zwar:

1. Satanische, okkulte, naturreligiöse und esoterische Musikgruppen
2. Rein antichristlich, bzw. antireligiös im allgemeinen eingestellte Bands. Oft in Zusammenhang mit nihilistischen Anstrich oder misanthropischer Ausprägung.
3. Weder noch; d. h. die weiter oben aufgeführten Komponenten 1. und 2. gehören lediglich zum ausgelutschten, nichtssagenden und die Ernsthaftigkeit auslassenden „Image".

Vom Belang in diesem Artikel ist für uns natürlich vor allem der erste Teil, also diejenigen Black Metal Musiker, die sich in der Praxis mit Satanismus, Okkultismus und Esoterik auseinandersetzen. Zu den zumindest bekanntesten Vertretern auf diesem Gebiet gehören SPEAR OF LONGINUS aus Australien. Der Name der Band bezieht sich eindeutig auf den „Schicksalsspeer"; also dem Mythos von der Lanze des Soldaten Longinus, mit welcher Jesus Christus am Kreuz die Seite durchgestochen worden sein soll. Der Mythos besagt, derjenige, der den Schicksalsspeer besitze, gelte als unbesiegbar. Die Gruppe verwendet auch gerne die Abkürzung SOL, was meiner Ansicht nach das solare, arische und schöpferische Element unterstreichen soll.

Die ideologische Ausrichtung ist grob gesagt eine Mischung aus Nazi-Okkultismus, Ariosophie, Gnostizismus und Hinduismus. „Camazotz", an sich der führende Kopf der Band, entschied sich für ein Pseudonym aus der alten Maya-Mythologie. Dort steht dieser Name für den Gott der Unterwelt. Glenn Miller, wie der Sänger und Gitarrist bürgerlich heißt, gab im Jahre 2002 einem deutschen Magazin einige Auskunft über seine okkulte Arbeit. So beschäftige er sich unter anderem mit Astanga-Yoga, Runen, Mantrams, Alchemie, Tai Chi, japanischen Laido und anderen Meditations- und Transformationstechniken. Vor allem die Arbeit mit Runen erscheint ihm als sehr sinnvoll, da diese aus höheren Dimensionen stammen und die älteste Form von allen darstellen. Womit Camazotz durchaus recht hat, nur sollte man nicht außer Acht lassen, dass jede Rune auch ihre Gegenrune hat. Anzumerken sei daher, magische Runenarbeit ist beim geistigen Gleichgewicht sinnvoll, ansonsten, wenn überhaupt, bestehe die Gefahr von Schädigung an dem grobstofflichen Leib, sowie den feinstofflichen Körpern des Menschen.

Wie auch immer; seit vielen Jahren existiert im weltweiten Netz eine Internetseite von SPEAR OF LONGINUS, welche wie es scheint, allerdings seit langem nicht mehr aktualisiert wurde. Neben Interviews, Texten etc. sind dort selbstverfasste Artikel zu den verschiedensten okkulten und religiösen Themen abgebildet. Beispielsweise Inhalte über Karma, Meditation oder Gnosis.

Die derzeit neuste Veröffentlichung von SPEAR OF LONGINUS ist eine Split Ep, also eine Kurzspielplatte, auf welcher sich zwei verschiedene Bands jeweils eine Seite teilen. Die gemeinsame Scheibe trägt den Namen „Rebirth of the Luciferian Light". Auf der Frontseite der Plattenhülle ist übrigens das Symbol vom „Order of Nine Angles" abgebildet. Dieser theistisch-satanische und nazistische Orden wurde in den 60er Jahren gegründet, genauer gesagt verdankt er seine Entstehung der Fusion aus drei verschiedenen okkulten Gemeinschaften. Seine Ursprünge liegen allerdings im vorchristlichen Britannien, was zumindest behauptet wird. Zu der magischen Praxis gehören u. a. die Arbeit mit Kristallen, Gesang und Nexionen. Die so genannten „Nexionen" stellen okkulte Tore, bzw. Winkel dar. Das Ziel der Ausbildung ist Persönlichkeitsentwicklung, Selbstüberwindung, Selbstbeherrschung und schlussendlich der Erwerb von Weisheit. Ob die beiden Musikgruppen tatsächlich reale Mitglieder des Ordens sind, oder lediglich mit dem selben sympathisieren, ist dem Autor zur Zeit unbekannt.

Eine der interessantesten Bands im Black Metal, nicht nur unter dem okkulten Gesichtspunkt, sind sicherlich die aus Frankreich stammenden

BLUT AUS NORD. In der Tat, der Name klingt nicht ganz korrekt, doch die Franzosen geben sich in manch einer Hinsicht ziemlich seriös und geheimnisvoll. Sie spielen zum Beispiel keine Konzerte und es gibt kaum Photos von den Bandmitgliedern (und wenn, dann sind diese stark unkenntlich gemacht). Ferner distanzieren sich das Trio zum großen Teil von der Black Metal Szene. Darüberhinaus liegt nicht nur in den tiefsinnigen Texten, sondern auch in musikalischer Beziehung der Unterschied zu zahlreichen anderen vergleichbaren Musikgruppen. Thematisch beschäftigt man sich unter anderem mit der Evolution und dem alchemistischen Prozess menschlicher Vergöttlichung. „Vindsval", Gitarrist und Sänger, beschreibt seine Musik als magisch und mystisch. Auch Taoismus, Mythen und spirituelle Philosophie spielen in der Band eine Rolle. Die zur Zeit aktuellen Alben, welche als Trilogie unter dem Namen „777" erschienen sind, bezeichnet der Franzose als rituell. Sie seien wie das Echo von Licht und Dunkelheit im selben Moment. Der Klang der Introspektion. Eigenen Angaben nach versuchen die Franzosen mit den eigenen Kompositionen die religiöse und mystische Dimension zu erforschen. Eine Suche, in welchen es keine Limits gäbe, weder musikalisch noch spirituell. So „Vindsval".

Bei BLUT AUS NORD finden wir also viele Inhalte (wie z. B. Introspektion), die auch Bestandteile in Franz Bardons Werken darstellen, insbesondere im hermetischen Klassiker „Der Weg zum Wahren Adepten". Leider nicht die Regel, sondern eher Ausnahme in der Black Metal Szene.

Eine Band, die Anfang der 90er Jahre eigentlich den Stein ins Rollen brachte ist MAYHEM aus Norwegen. Dies weniger wegen der Musik, als durch ihr obskures Treiben. Heute jedenfalls ist nur noch ein einziges Mitglied aus der Urbesetzung übrig. Neben den üblichen Besetzungswechsle gab es ansonsten auch zwei Todesfälle in der Geschichte dieser Gruppe, und zwar einen Mord sowie einen Freitod. „Dead", wie der damalige Sänger von MAYHEM hieß, war ein in sich zurückgekehrter, stark melancholischer, düsterer Typ. In einer extremen Weise vom Tod und allem, was dazugehört, angezogen. Zumindest wurde er derart von Personen beschrieben, die ihn auch einige Male persönlich getroffen haben. Von sich selbst behauptete „Dead", nicht menschlich zu sein. Bei Live-Auftritten genoss er übrigens, tiefe Wunden ins eigene Fleisch zu schneiden. Dazu gebrauchte er Messer oder Glasscherben.

Eigenen Angaben nach hatte „Dead" auch mindestens ein Nahtoderlebnis. Eines davon soll aufgrund von unklaren inneren Blutungen erfolgt sein, infolge dessen der Sänger in Anschluss klinisch tot gewesen ist. „Dead" sah in dem Augenblick überall ein durchsichtiges blaues Leuchten, welches im weiteren Verlauf von etwas gleißend Weißem und Heißem abgelöst wurde, das ihn einhüllte. Es wäre schon anzunehmen, dass Per Yngve Ohlin (so „Deads" bürgerlicher Name) eine Ebene der Astralsphäre betreten hat.

Einige Jahre später schoss sich Per mit einer Flinte in den Kopf. Augenblicke davor öffnete er zusätzlich mit einem scharfen Messer seine Adern. Die Leiche wurde von „Euronymous", den Gitarristen der Gruppe, gefunden. Bevor dieser die Polizei verständigte, machte er auf die Schnelle einige Photos von dem Leichnam und sammelte zudem umher liegende Schädelfragmente ein, um daraus später Talisman-ähnlichen Schmuck anzufertigen. Von einigen der Hirnreste seines ehemaligen Bandkollegen kochte „Euronymous" Gulasch, den er auch tatsächlich verspeist hat. So zumindest die Auskunft des Band-Schlagzeugers „Hellhammer". Bon Appetit! Eines der von „Deads" Leiche gemachten Photos fand Verwendung auf dem Frontcover zu Mayhems „The Dawn of the Black Hearts" Album.

Der Gitarrist „Euronymous" wurde übrigens einige Zeit später von einem anderen damaligen Black Metal Musiker seines Heimatlandes mit zahlreichen Messerstichen umgebracht (siehe BURZUM weiter unten im Artikel), was sich allerdings auf zwischenmenschlicher Beziehung gründete und in diesem Falle keine okkulten Hintergründe vorweisen konnte. Es war zudem viel mehr ein Akt der Selbstverteidigung als ein Mord. Vielleicht hatte „Euronymous" einfach nur ein schlechtes Karma :-).

Apropos Karma; was Suizid im allgemeinen angeht, so gewährt Franz Bardon einige Auskunft darüber. Einerseits existiert in der geistigen Welt ein machtvoller Beschützer namens Hyrmiua, welcher unter anderem bestimmte Suizid opfer beaufsichtigt. Und zwar jene Selbstmörder, bei denen der Suizid keine karmische Ursache hatte. So, dass diese Seelen im Jenseits in einer Art Schlaf nicht schneller astral voll bewusst werden, bis die Zeitspanne vorübergegangen ist, in welcher dieser Mensch bis zu seinem eigentlichen Tod in dem grobstofflichen Körper normalerweise verblieben wäre. Neben Hyrmiua gibt es ein weiteres geistiges Wesen, das sich um Suizidgefährdete und alle anderen astral schlafenden Selbstmörder kümmert. Es handelt sich hierbei um den Vorsteher Lotifar aus der Erdgürtelzone. Wie Meister Arion sagt, sei das Leben heilig und in keinster Weise ersetzbar. Darüber hinaus stellt ein Freitod lediglich eine Ausdehnung der Studienjahre des Geistes dar und steigert zusätzlich parallel den Schmerz.

Doch zurück zu den beiden Protagonisten von MAYHEM. Mein Eindruck ist der, dass sowohl „Euronymous" wie Per Yngve Ohlin („Dead") nicht besonders tief in der okkulten bzw. satanischen Doktrin verwurzelt waren. Zumindest durchliefen sie keine magische Ausbildung oder der gleichen, wie ich denke. Es ist zwar Tatsache, dass „Euronymous" der Gründer des „Svarte Sirkel" (norwegisch für „Schwarzer Zirkel") war, dem auch weitere Musiker aus dem damaligen Black Metal Untergrund angehörten. Allerdings brachte dieser Kreis außer einigen Kirchenbrandstiftungen, wenigen Tieropfern (leider) und unbedeutenden anti-christlichen Terrortaten keine oder kaum okkulte, praxisbezogene Arbeit zu Stande. Mein Eindruck ist eher der, dass „Euronymous" einfach extrem und böse wirken wollte, während zu dem Element von „Dead" vor allem Tod und Finsternis dazugerechnet werden konnte. Aufgrund der außergewöhnlichen Bandgeschichte und der Pionierarbeit in der Black Metal Szene erschien es mir jedoch als sinnvoll, die beiden Charaktere vorzustellen.

Mord und Selbstmord sind im Black Metal an sich nichts außergewöhnliches, wenn auch nicht überdimensional häufig. Ein weiterer bekannter Suizidfall ist jedenfalls Jon Nödtveidt von der schwedischen Black/Death Metal Kapelle DISSECTION. Übrigens auch ein Freund von „Euronymous". Wie auch immer; Jon verbrachte einige Zeit im Gefängnis, und zwar wegen Beihilfe zum Mord. Zudem wurde er gleichzeitig wegen Besitzes von illegalen Waffen eingebunkert. Er war Mitglied im „Misanthropic Luciferian Order", der später in „Temple of The Black Light" unbenannt wurde. Wie es scheint, handelt es sich bei dem Orden in etwa um eine linkshändige, anti kosmisch, luziferianisch und gnostisch ausgerichtete internationale Gemeinschaft. Mit dem Schwerpunkt auf dämonischer Quabbalah, Sethianismus und weiteren dunklen Bestandteilen religiöser, magischer sowie mystischer Aspekte der Antike.

Bei der Gelegenheit möchte ich kurz auf die Materie vom „Linkshändigen und Rechtshändiger Pfad" eingehen. Weder der linke noch der recht Weg führt zur Vollkommenheit, aus dem einfachen Grund, weil ein Gleichgewicht nicht erreicht, bzw. entwickelt werden kann. Als Ausübender entweder von dem einen oder dem anderen Pfad kann man nur einen oder mehrere, jedoch nicht alle möglichen Aspekte in sich verwirklichen. Ferner üben gewisse Sphären einen starken Einfluss aus und dadurch auch eine Ein- und Beschränkung. Es ist also folgendermaßen; weder dem „Schwarzmagier" noch einem „Heiligen" ist es wirklich möglich, -gott gleich zu werden. Nur der hohe Eingeweihte der Hermetik ist imstande dazu, und zwar ohne dabei die eigene Persönlichkeit zu verlieren.

Doch zurück zu DISSECTION. Jon Nödtveidt Mitgliedschaft in dem luziferanischen Orden dauerte nicht sehr lange. Im August 2006 entschied er sich für den Freitod, welchen er mit einem Kopfschuss vollendet hat. Man fand Nödtveidt zusammen mit einem satanischen Grimoire in einem Kreis aus Kerzen. Angeblich hat der 31. Jährige (mit seiner Band) im Leben alles erreicht, so die eigene Begründung des Suizids. Ob dies wirklich der wahre Grund gewesen ist, vermag ich nicht zu sagen. So viel scheint es jedoch nicht gewesen zu sein. Ein Schwarzmagier wäre zumindest in der Lage gewesen einen Pakt mit einem Dämon zu schließen, um das jetzige Leben so gut wie möglich zu führen (ob sich das wirklich lohnt ist eine andere Frage). Er würde wahrscheinlich nicht auf die Idee kommen sich das Leben zu nehmen, ganz im Gegenteil. Ich weiß es natürlich nicht exakt, doch meine Vermutung liegt eher darin, dass durch ein ungeschultes „Herumspielen" mit dunklen Mächten Jon möglicherweise ein Opfer von „ungesetzmäßigen Beschwörungen" wurde. Ein Leidtragender von astralen Schmarotzern und ähnlichen Schädlingen.

Es gibt aber auch Musikgruppen aus dem Black Metal Bereich, die anfangs vornehmlich ein negatives und dunkles Prinzip verkörperten, sich mit den Jahren jedoch zu lebensbejahenden Interpreten entwickelten, ohne dabei jedoch die eigene Weltanschauung verraten oder um 180 Grad umgedreht zu haben. Im Gegensatz dazu wählten tatsächlich viele Bands (aus den 90er Jahren) einen abtrünnigen Weg, d. h. sie passten sich der Norm des herrschenden Status quo an, gegen welchen sie eigentlich angehen wollten und mach(t)en den Black Metal hiermit salonfähig. Alles zum Zwecke vom kommerziellen Erfolg, wodurch Gruppen dieser Art von dem harten Kern der Szene als unecht und lächerlich angesehen werden. Anders ist es zum Beispiel bei dem in Frankreich lebende Norweger Varg Vikernes verlaufen, früher auch unter seinem Pseudonym „Count Grishnackh" bekannt. Dieser führt seit dem Jahre 1991, größtenteils alleine, das Musikprojekt BURZUM. Auch wenn er seine Ein-Mann-Band mittlerweile nicht mehr der Black Metal Szene zurechnet und aufgrund von fehlgeschlagener Entwicklung etc. von der selben Abstand nimmt. Trotzdem ist Vikernes in gewisser Weise sich selbst über all die vielen Jahre treu geblieben. Keine andere Person wird im Black Metal einerseits so dermaßen gehasst und verleumdet, auf der anderen Seite wiederum bewundert und zum Vorbild gemacht wie der Norweger. Der Name BURZUM bedeutet so viel wie

Licht oder Dunkelheit, je nachdem, aus welcher Perspektive man dieses Thema betrachten mag. Das Musikprojekt gehört ebenfalls zu den Pionieren der zweiten Black Metal Welle und übt immer noch einen starken ideologischen Einfluss aus, zumindest auf einen Teil der Black Metal Anhängerschaft.

Varg Vikernes beteuert zwar, jemals Satanist gewesen zu sein, doch wer sich an die früheren Tage von BURZUM erinnert, der verbindet diese zumindest mit Dunkelheit, Misanthropie, Tod usw. Allerdings fand man in der Zeit auch bereits Bezüge der mythologischen, astralen sowie magischen Art. Das Frontcover der zweiten Demokassette aus dem Jahre 1991 verzehrt übrigens das Sigil von „Argenteum Astrum"; dem magischen Orden Aleister Crowleys. Da „Das Große Tier" bekanntlich auch 33. Grad Freimaurer nach „Schottischem Ritus" war, wird Vikernes diesen sicherlich nicht mehr zu seinen heutigen Einflüssen zählen (falls er überhaupt welche hat). Mehr noch; er verabscheut mittlerweile Aleister Crowley und alles wofür der gefallene Magier steht. Ein durchgestrichenes Bild von Anton Szandor La Vey, somit ein klares Ablehnungsbekenntnis der atheistisch-satanischen Organisation „Church Of Satan" und seines Begründers, wurde wiederum 1991 auf der Rückseite einer Mini-LP Burzums veröffentlicht. Vikernes lehnt La Veys satanische Kirche als eine andere Form von Judentum für Nicht-Juden missbillig ab. Genauso wie die Freimaurerei, das Christentum und weitere Formen von Religionen, die auf den Stammvater Abraham zurückführen.

Spätestens seit dem 4. Album „Filosofem" wendet sich der gebürtige Norweger mehr und mehr dem skandinavischen und indogermanischen Heidentum zu. Vikernes übernimmt allerdings nichts blind, sondern schafft vielmehr seine eigene Interpretation der antiken Religion unserer Vorfahren. Er ist auch Autor mehrerer Bücher, wovon das zur Zeit aktuellste, im Jahre 2011 erschienene, auf den Namen „Sorcery and Religion in Ancient Scandinavia" getauft wurde.

Vikernes verbrachte für den Mord an „Euronymous" und (mehreren angeblichen) Kirchenbrandstiftungen an die 16 Jahre im Gefängnis, in dem es ihm nicht möglich bzw. erlaubt war, Musikaufnahmen mit klassischen Rock Instrumenten und Gesang zu tätigen. Aus dem Grunde brachte er während der Zeit zwei reine Synthesizer-Alben auf dem Markt, die thematisch wie optisch rein im germanischen Heidentum angesiedelt waren. Als Vikernes 2009 aus dem Gefängnis entlassen wurde, nahm er in der Freiheit einige neue Alben mit E-Gitarre, Schlagzeug, Gesang etc. auf, die alle vom Klang her zwar immer noch nicht gerade sanft, jedoch deutlich lebensbejahender wirkten als seine alten schwarz metallischen Tonträger aus den 90er Jahren. Inhaltlich setze sich der Musiker mit dem nordischen Heidentum, wie beispielsweise der solaren Gottheit Baldur oder der Völuspá, auseinander. Die Bezeichnung „Scaldic Metal" war geboren. Nach drei neuen im Metall-Bereich angesiedelten Alben (plus einer weiteren musikalisch eher gemischten Scheibe), veröffentlichte der Norweger seine dritte, erneut vollkommen auf dem Synthesizer aufgenommene Platte. Diese setzte sich auch dieses Mal mit Aspekten nordischer, bzw. indo-germanischer Mythologie auseinander. Varg Vikernes bezeichnet sich heutzutage im übrigen als Odalist und heidnischer Nationalist. Im Jahre 2013 wurde er zusammen mit seiner Frau Marie Cachet erneut verhaftet, jedoch nach nur wenigen Tagen, aufgrund Beweismangels, wieder entlassen. Man verdächtigte das Paar eines geplanten terroristischen Anschlags, was sich schnell als unwahr erwies. Es wurde unter anderem versucht, eine Verbindung zwischen Vikernes und dem norwegischen Massenmörder Anders Breivik herzustellen. Eine derartige Verbindung kam jedoch nie zustande und wurde laut Vikernes lediglich als Vorwand genutzt, um eine Verhaftung durchführen zu können. Es reicht praktisch nur ein einziger Klick auf die offizielle BURZUM Internetseite um zu erfahren, dass der Musiker den Freimaurer Breivik und seiner Tat stark ablehnend gegenüber steht. Der Aufsatz in seiner vollen Länge ist bereits seit geraumer Zeit der Öffentlichkeit zugänglich. Vikernes sieht sich selbst als Opfer der zionistischen Meinungs- und Gesinnungsdiktatur, ferner wollen die Eheleute gegen die Inhaftierung, Hausdurchsuchung, falsche Anschuldigungen, Kindesentzug etc. gerichtlich vorgehen.

Lieber Leser, nun wären wir fast am Ende angelangt. Es gäbe noch zahlreiche weitere Beispiele und Themen, obendrein habe ich in den ausgewählten Fällen nur das Nötigste beschrieben. Die einzelnen Absätze hätten daher noch viel detaillierter ausfallen können, doch als Folge hiervon wäre dieser Artikel gleichzeitig überdurchschnittlich lang geworden. Mit jenem Aufsatz hatte ich einfach vor, meine persönliche Gegenüberstellung als Antwort auf die zahlreichen unsachgemäßen und unwahren Berichte der Sensations-, Mainstream-, ja gar „Szenepresse", kundzugeben. Das Hauptaugenmerk lag wie gesagt auf Hermetik, doch als kleiner und unbedeutender Schüler erhebe ich selbstverständlich keinen Anspruch auf

Vollständigkeit. Ich hoffe jedoch, Ihnen trotzdem einen aufschlussreichen Einblick in diese spezielle Thematik gewährt zu haben. Nun möchte ich diesen Artikel mit einem Fazit abschließen.

Mit dem Aufkommen der zweiten Black Metal Welle Anfang der 90er Jahre ist vor allem das Phänomen des so genannten „Jugendsatanismus" aufgetreten. Eine vor allem plakativ zur Schau gestellte, okkult betrachtet wenig seriöse Art, welche sich insbesondere durch strafbare Taten auszeichnete. Beispielsweise Vandalismus oder auch seltener Totenruhestörung. Durch einige (Selbst-) Morde und Kirchenbrandstiftungen wurde die Musikrichtung nicht nur bekannter, sondern für die Gewinnstrebende Musikindustrie gleichzeitig interessanter. Heutzutage ist Black Metal mehr eine Modeerscheinung mit Hunderten von gesichtslosen und unoriginellen Musikgruppen, die vielmehr einen harmlosen Unterhaltungscharakter mit den üblichen (unfreiwillig komischen) Klischeevorstellungen verkörpern als irgendwelche dunklen, bzw. linkshändigen Lehren. Den Labels geht es wiederum darum, mit diesem Kasperletheater möglichst viel Geld zu verdienen. Ja, selbst kommerzielle Musikpreise wurden gar verliehen und auch die Jugendzeitschrift „Bravo" macht Interviews mit Black Metal Musikern. Doch dies ist, wie Sie bereits wissen, nur eine Seite der Medaille. Parallel zu den kommerziellen und stereotypen Aspekten existiert nämlich eine kleinere eingeschworene Szene in der Szene, die sich von dem üblichen Musikzirkus nicht nur unterscheidet sondern auch abgrenzt und verschiedenen Doktrinen oder Vorstellungen von Satanismus, Okkultismus, der Esoterik, sowie diversen Formen von europäischen Heidentum, folgt. Es lassen sich beispielsweise Einflüsse wie Wotanismus, Paganismus, Thelema, Gnostizismus, Sethanismus, theistischer Satanskult, Schamanismus oder Chaos-Magie, ausfindig machen. Nur um einige Teilbereiche zu nennen. Als Schlussfolgerung bleibt zu sagen: Was die spirituell-weltanschauliche Orientierung betrifft, ist eine einheitliche oder charakteristische Ausrichtung im Black Metal nicht vorhanden.

Weitere Bücher aus dem Christof Uiberreiter Verlag:

Das goldene Blatt der Weisheit
Seila Orienta/Franz Bardon

Zum ersten Mal in der okkulten Literatur wird die 4. Tarotkarte des Hermes Trismegistos verständlich beschrieben und offengelegt. Sie beinhaltet unbekannte Konzentrations- und Meditationsübungen. Des Weiteren gibt sie Hinweise und erklärt die Unterschiede zwischen Magie und Mystik und Gefahren des einseitigen Weges. Am Ende steht die Verbindung mit der universellen Gottheit, dem Herrn der Sonnensphäre, welcher quabbalistisch „Metatron" genannt wird.

*

5. Tarotkarte – Mysterien des Steins der Weisen
Seila Orienta/Franz Bardon

Dieses Buch stellt die Vorderseite der Alchemie dar, die die einzelnen praktischen Übungsschritte erklärt, ohne die verschlüsselten Mystifikationen der alten Alchemisten auch nur annähernd zu erwähnen, wie man es aus den anderen Büchern des Franz Bardon kennt. Es wird erklärt, dass ohne vollkommene Beherrschung der 4 Elemente keine Alchemie möglich ist. Des Weiteren wird mit den einzelnen Ebenen, mit den Matrizen, dem elektromagnetischen Fluid usw. gearbeitet. Doch der Hauptpunkt stellen die göttlichen Eigenschaften wie z. B. die Allmacht dar, mit denen der Göttliche Stein der Weisen durch gewisse Übungen geladen wird.

*

Talismanologie und Mantramkunde
Seila Orienta/Franz Bardon

Zum ersten Mal werden hier (magisch) geladene Mantrams – Gebetssätze – preisgegeben, welche bei nötiger Reife, Ausgeglichenheit und Reinheit durchdringende Erfolge versprechen.

Mantrams sind ja nach Bardon nicht irgendwelche „Suggestionssätze", sondern sie sind Ideenausdrücke, mit denen man mit Mächten, Kräften, Eigenschaften, also Gottheiten, in Verbindung kommen kann. Gleichzeitig werden die dazugehörigen Siegelzeichen der göttlichen Ideen preisgegeben, welche im rituellen Zusammenhang mit den Mantrams stehen. Ein Buch, dass nicht nur die Hermetiker sondern auch die Anhänger der Yogawissenschaften inspirieren wird!

*

Eine Sammlung der schönsten und lehrreichsten Beschwörungsgeschichten
Hohenstätten

Dieses Buch ist einzigartig, denn es zeigt den zweiten Band von Franz Bardon an Hand von interessanten Evokationsberichten, die genau das bestätigen, was Bardon in seinem Buch geschrieben hat, und noch darüber hinaus. Es werden sensationelle Erlebnisse geschildert, die man sonst niemals findet. Auch aus unveröffentlichten Schriften wird zitiert.

*

Verkörperungen des Meister Arion
Hohenstätten

Man wird beim Lesen dieses Buches nicht glauben, wie viele bekannte und unbekannte Inkarnationen Franz Bardon hatte. Die paar, die im „Frabato" bekannt gegeben wurden, stellen nur einen geringen Teil seiner Verkörperungen dar. Wir mussten, da es dermaßen wenig Literatur über die Verkörperungen gab, wieder hunderte und aberhunderte von Büchern, Aufsätzen, Zeitschriften und Artikeln durcharbeiten, bis wir genügend Material für dieses Buch hatten. Aber der Leser wird sich beim Lesen sicherlich über unsere Arbeit freuen, denn sie wird ihn in Erstaunen versetzen!

Shamballa, der goldene Tempel des Lichts
Hohenstätten

Dieser Tempel dürfte jeden Leser von Bardons Roman „Frabato" fasziniert haben. Dass es aber in der okkulten Literatur noch viel mehr Informationen darüber gibt, die man aber nur findet, wenn man alles Veröffentlichte gelesen hat, dürfte dem einen oder anderen unbekannt sein. Es wurden wieder ganze Stöße von Büchern durchgesehen und das Ergebnis wird hier veröffentlicht. Es wird aber gleichzeitig darauf hingewiesen, wie viel Schundliteratur es darüber gibt, wie viel Lügen im Umlauf sind, damit sich der Schüler der Hermetik ein klares Bild machen kann. Wir bringen in diesem Buch alles, was wir an Material darüber gefunden haben und es wird auch noch einiges aus der eigenen Erfahrung, was das Wertvollste ist, mitgeteilt. Nicht nur über den Tempel wird berichtet, sondern auch über die damit verbundene „Bruderschaft des Lichts", dessen Sitz er darstellt.

*

Auf der Suche nach Meister Arion
Hohenstätten

Diese Autobiographie eines Schüler der Hermetik des Franz Bardon schildert sein magische Leben, in welcher zahlreiche Erfahrungen zu den Übungen aus dem Adepten geschildert werden, die die Hauptperson selbst erlebt hat. Es wird der schwere Weg des Adepten aus autobiographischer Sicht gezeigt, seine vielen Tiefschläge, aber auch seine glanzvollen Seiten und Zeiten. Der harte Kampf mit dem Seelenspiegel wird bis in alle Einzelheiten aufgezeigt, genauso wie die vielen anderen Wege, in welche der Autor reinschnupperte um dadurch reichlich Erfahrung sammeln zu können. Darüber hinaus enthält es unzählige Erfahrungen und Berichte betreffs Mantramistik nach Bardon, die wahre Runenmagie, zahlreiche Evokationen sowie Invokationen mit seinem Lehrer Anion, einen magischen Exorzismus, wie er bisher noch nie öffentlich geschildert wurde.

Mental reisen, Beeinflussungen, Übungen zur Gottverbundenheit, Erscheinungen, Alchemie, Heilungen mit den verschiedensten magischen Methoden z. B. Quabbalah oder durch die Elemente, Schimpansengenerationen und viele andere magische „Wunder" seines Freundes und Lehrers Anion. Auch einige magische Fotos in Farbe, ein bisher von Bardon unveröffentlichtes Akashafoto von Christus und ein Bild des schwebenden Meister Arion werden in diesem Buch preisgegeben. Der Inhalt ist viel reichlicher, als hier kurz beschrieben
werden kann.

*

Magisches Gleichgewicht
Hohenstätten

Dieses Buch zeigt eindeutig, dass in allen anderen Systemen das „Gleichgewicht" genauso gebraucht wird, wie bei Bardons Werken. Er war nicht der einzige, der das erwähnte, aber er war der erste, welche es deutlich erklärte, denn die anderen Systeme sprachen nur durch das Symbol, welches nicht jedem Leser verständlich war. Obendrein bringen wir noch unveröffentlichtes vom Meister Arion zu dieser Grundlage der magischen Entwicklung.

*

Das Leben und die Erfahrungen eines wahren Hermetikers
Seila Orienta

Diese Autobiographie eines Magiers ist unübertroffen, denn bis jetzt hat kein einziger, okkult Geschulter, so offen und ehrlich gesprochen wie Seila Orienta. Er gibt in diesem Werk sein Leben bekannt, sowie seine zahlreichen und äußerst interessanten Erlebnisse und Erfahrungen. Es werden auch zum ersten Mal Fotos von Wesen der Sphären gezeigt, welche Franz Bardon höchstpersönlich in den 20ern gemacht hat. Des Weiteren schreibt Seila Orienta über die Sphären, über Dämonen, Logenkontakte und vieles vieles mehr, was einem ehrlich strebenden Hermetiker das Herz übergehen lassen wird.

Das Leben des Franz Bardon
Hohenstätten

Dieses Buch beschreibt das Leben des Meisters außerhalb des Frabatos, welches seine Sekretärin – Otti V. – geschrieben hat. Es beinhaltet Erklärungen zu seiner „Biografie", weitere Einzelheiten über den Kampf mit der FOGC, seine Beziehung zu Wilhelm Quintscher und anderen Okkultisten, was alles bisher unbekannt war! Des Weiteren werden viele Erlebnisse seiner Schüler in Prag erzählt, verschiedene magische Leistungen und interessante Geschichten Bardons beschrieben, die bis dato unveröffentlicht sind. Es werden auch seine drei Lehrwerke und deren Wirkung auf die Öffentlichkeit von einem anderen, unbekannten Standpunkt geschildert, welcher durch bisher schwer zugänglichen Schriften unterstützt wird. Als Krönung wird seine aus dem tschechischen übersetzte „Runenschrift" zum ersten Mal veröffentlicht. Auch einige Seiten aus anderen unveröffentlichten Schriften von ihm sowie interessante Fotos des Meister Bardon und seiner Freunde werden hier Preis gegeben und vieles, vieles mehr.

*

In Verbindung mit der Gottheit
Hohenstätten

Über das Thema der Gottverbundenheit mit all seinen Formen und Methoden wurde bis heute noch nie ein Buch verfasst geschweige denn eine Schrift geschrieben. Man findet in der okkulten wie in der östlichen Literatur nur spärliche Hinweise, die größtenteils verschlüsselt sind oder so geschrieben wurden, dass man sie kaum versteht. Im Gegensatz dazu wird in diesem Buch offen dargelegt, dass das 1. kleine Arkanum der 78 Tarotkarten die Gottverbundenheit in ihrer Reinform darstellt.

Hermetische Heilmethoden
Hohenstätten

Dieses Buch stellt in der okkulten Literatur ein absolutes Unikum dar, denn über die Gesamtheit der okkulten Heilmethoden wurde bis jetzt noch NIE etwas sinnvolles geschrieben. Es werden alle Heilmethoden erwähnt, die der hermetische Schüler mit Hilfe seiner bisher erlangten Konzentrationsfähigkeit ausüben und verwenden kann.

*

Erste hermetische Zeitschrift

„Der hermetische Bund teilt mit" ist eine der wenigen magisch-mystischen Zeitschriften, welche sich soweit als möglich auf die universelle Lehre von Franz Bardon bezieht. Sie versucht sich an die Gesetze des 4-poligen Magneten zu halten und vermittelt Wissen sowie Hinweise für die Praxis, damit der Leser die Möglichkeit hat, sie in seinen hermetischen Weg aufzunehmen und für sich gewinnbringend zu verarbeiten.

Noch viel mehr hermetische Literatur finden Sie auf unserer Website: http://www.hermetischer-bund.com.

Viel Vergnügen beim Stöbern!

Der Verlag